몸값
높이기의
기술

몸값 놓이기의 기술

죽도록 일만 하는
사람들은 모르는
25가지 커리어 관리의 비밀

DO OVER

존 에이커프 지음 | 김점희 옮김

다산북스

이 책에 쏟아진
찬사

지금까지 나온 커리어 관리 책 중 단연 최고다. 두 번째로 뭘 꼽아야 할지 모를 만큼 독보적이다. 실용적이고 인간적이며, 감동적이고 끈덕진데다, 설득력 있고 보편적이며, 현실적이고 진실하다. 다른 무엇보다 오늘 당장 써먹을 수 있다는 점이 가장 매력적이다. 뭘 꾸물거리고 있나? 어서 펼쳐보지 않고!

- 세스 고딘, 『마케팅이다』, 『이카루스 이야기』 저자

뜬구름 잡는 소리만 하던 자기계발서는 이제 집어치워도 좋다. 이 책은 직장을 다니다 보면 누구나 겪게 되는 경력의 전환기를 현명하게 헤쳐나가는 데 필요한 '가장 실용적이고 사용자 친화적인 안내서'다.

- 애덤 그랜트, 『오리지널스』, 『기브 앤 테이크』 저자

새로운 도전과 경력을 시작하기 위한 당신의 잠재력은 충분하다. 존 에이커프가 그 사실을 당신에게 친절히 알려줄 것이다. 불안과 작별을 고하고 싶은 모든 평범한 직장인에게 이 책을 강력히 추천한다.

- 소피아 아모루소, 『#걸보스 GIRLBOSS』 저자

DO OVER

좋아하지도 않는 일을 억지로 하는 건 세상에서 가장 멍청한 짓이다. 그래서는 안 된다! 존 에이커프는 『몸값 높이기의 기술』이라는 책을 통해 완전히 새로운 경력 관리의 방법론을 제시한다. 억대 연봉을 받으며 대기업에 입사한 뒤 연달아 세 번을 해고당한 저자의 쓰라린 경험을 통해 독자들은 그동안 스스로를 얽맸던 틀에서 빠져나와 당당히 일의 주인으로 거듭날 것이다.

- 크리스 길아보, 「두 번째 명함」, 「100달러로 세상에 뛰어들어라」 저자

존 에이커프는 거대한 도서 시장에 '커리어 관리 가이드'라는 새로운 카테고리를 개척했다. 사실 이 책은 뒤로 자빠질 만큼 재미있고 때로는 뒤통수를 얻어맞은 것처럼 짜릿해서 읽는 동안 뭘 얼마만큼 배우고 있는지도 까맣게 잊을 정도다. 하지만 그가 자신의 경험으로부터 얻은 진심 어린 교훈들은 '경력이라는 길' 위에서 계속 앞으로 나아가고자 하는 모든 도전자에게 큰 도움이 될 것이다.

- 브라이언 코플먼, 「오션스13」 각본가

위대한 꿈은 종종 위대한 책으로부터 비롯된다. 『몸값 높이기의 기술』이 바로 그런 책이다. 전 세계 곳곳에서 이 책이 일으킬 엄청난 영향과 파장이 벌써부터 무척 기대가 된다.

- 앤디 앤드루스, 『폰더 씨의 위대한 하루』 저자

경고! 자신의 경력과 목표, 꿈, 계획, 무엇보다도 삶 전체를 근본적으로 바꾸겠다고 단단히 마음먹은 사람만 읽을 것! 존 에이커프는 나를 포함한 평범한 사람이 지레 겁부터 먹고 보는 '경력의 전환'이라는 주제를 택해, 심지어 경력 새로 쓰기에 관심조차 없는 사람까지도 그것을 원하게 만드는 일생일대의 흥미진진한 모험을 소개했다. 틀에 박힌 직장생활을 하고 있다면, 자신의 경력에 좌절했다면, 직장을 잃었다면, 남의 꿈은 응원하면서 정작 자신의 꿈을 좇는 일은 헤매고 있다면, 이 책이야말로 당신이 읽어야 할 단 한 권의 책이다.

- 맨디 해일, 인스타그램 @TheSingleWoman 운영자

DO OVER

진솔하고 유쾌하고 더없이 실용적이기까지 한 이 책은 불확실한 미래에 당신의 경력을 성공적으로 이끌어줄 든든한 길잡이다. 존 에이커프는 직접 부딪혀 어렵게 얻은 경험을 바탕으로 우리가 행복하게 일하는 법, 누구나 함께 일하고 싶은 사람이 되는 법을 알려준다. 복잡한 공식이나 불필요한 전문용어 걱정은 붙들어 매라. 그의 번뜩이는 조언도 무척 마음에 들겠지만, 그에 못지않게 읽는 재미도 쏠쏠할 것이다.

- 패멀 슬림, 『Body of Work』 저자

『몸값 높이기의 기술』은 실용성뿐만 아니라 경험에서 우러난 지혜에 재미까지 겸비한 귀한 보석 같은 책이다. 당신이 경력의 전환기를 맞고 있든 아니든, 존 에이커프는 당신에게 오늘 당장 미래를 준비할 수 있는 가장 구체적인 방법을 보여줄 것이다.

- 토드 헨리, 『나를 뛰어넘는 법』 저자, 액시덴틀 크리에이티브 창업자

솔직하고, 재밌고, 유익하고, 신선하다. 더 좋은 일자리로 도약할 수 있는 사소하지만 확실한 지혜를 얻을 수 있다. 내 말을 믿지 못하겠다면 일단 처음 몇 페이지만 읽어보라. 당신이 나와 마찬가지라면 아마 거기서 멈출 순 없을 것이다. 나는 이 책을 우리 팀원 모두에게 읽히려고 대량 주문했다.

- 마이클 하얏트, 『돈이 보이는 플랫폼』 저자

월요병과 싸우는 데 지쳤다면 이 책이 딱이다. 존 에이커프가 들려주는 경력에 관한 조언은 구체적이고 현실적이다. 마지막 장을 덮고 나면 조직 안에서 '나의 역할'에 대한 새로운 관점을 얻게 될 것이다. '어떻게 일할 것인가?' 직장인이라면 평생 짊어져야 할 이 질문에 대해 자신만의 답을 내놓을 수 있을 것이다. 그리고 존 에이커프가 알려준 네 가지 무기를 손에 쥐고 누구보다 당당하게 월요일을 맞이하게 될 것이다.

- AP통신

DO OVER

존 에이커프는 『몸값 높이기의 기술』에서 경력 관리에 관한 인간적인 조언부터 신랄한 독설, 그리고 자학적인 유머까지 곁들인 풍성한 한 상을 차려냈다. 직장인이자 경영인으로서 나는 페이지를 넘길 때마다 나도 모르게 고개를 끄덕이고, 박장대소하고, 무릎을 쳤다.

— 크리스탈 페인, 머니세이빙맘닷컴의 창업자

로또에 당첨됐거나 은퇴 후 남은 인생 동안 폭신한 소파에 드러누워 드라마 재방송이나 보겠다고 결심한 게 아니라면, 지금 당장 이 책을 통해 현재의 삶을 바꾸고 꿈을 향해 나아가라!

— 아마존 독자

매일 회사에 출근하고 업무를 하는 일이 '견뎌야 할 고역'이 아니라 '즐길 수 있는 대상'이라는 저자의 시각이 참신했다. 이 책을 읽고 곧장 삶에 적용한다면 당신은 더 나은 자신, 더 나은 부모, 더 나은 배우자가 될 것이다.

— 아마존 독자

차례

2부
당신은 '0'에서 시작하는 게 아니다

3부
나쁜 놈들은 항상 이기지, 아주 잠깐은

4부
일보다 중요한 건 '방식'이야

에필로그

프롤로그

내 앞에 놓인 일을 피하려고 애쓰지 않고
오히려 그 상황에 적극적으로 대처한다면 어떻게 될까?
경력의 '전환'은 누구에게나 닥치는 현실이다.
그렇다면 우리가 일에 대해 던진 질문은 달라진다.

01 일이 꼭 그렇게
끔찍할 필요가 있을까?

망가진 지붕은 아직 해가 떠 있을 때 수리해야 합니다.

- 미국 제35대 대통령 존 F. 케네디

나는 가정용 건축자재 제조사 홈디포Home Depot에서 광고 문안을 작성하고, 음향기기 제조사 보스Bose에서 브랜드를 개발하고, 문구 제조사 스테이플스Staples에서 마케팅 업무를 담당하며 16년을 일했다. 한 벤처회사에서 잘리고, 또 다른 곳에서 연달아 해고당하고, 마지막으로 입사한 회사에서 녹초가 될 때까지 일만 하다가 문득 한 가지 사실을 깨닫고 다니던 직장을 그만뒀다.

내가 깨달은 교훈은 바로 이것이다.

마음만 먹으면 우리는 생각보다 훨씬 많은 것을 할 수 있다.
좋은 일자리를 얻거나, 나쁜 일자리를 얻거나.
꿈꾸던 직장에 입사하거나, 백수가 되거나.
이 모든 게 우리 손에 달렸다.

우리는 일자리를 구하지 못하거나 자꾸만 이직에 실패하는 원인을 내가 아닌 남에게서 찾는다. 나보다 더 뛰어난 슈퍼루키에게 면접 기회를 뺏기고, 사상 최악의 경기 침체가 내 일자리를 줄이고, 사람 볼 줄 모르는 무능한 상사가 나를 승진시키지 않는다고 탓한다. 하지만 우리는 알고 있다. 우리가 더 나은 사람이 되면 더 나은 일자리는 저절로 따라올 것이라는 사실을.

본론으로 넘어가기 전에 당신에게 분명히 말해둘 것이 있다.

"일은 적이 아니다."

일은 우리가 은퇴라는 형식으로 가석방될 때까지 자발적으로 봉사해야만 하는 빗장 열린 끔찍한 감옥이 아니다. 우리가 월요일을 구원할 수 있다면, 감히 월요일을 재탄생시킬 수 있다면, 거기에 갇히기를 단호히 거부한다면 말이다.

이 책은 직장을 때려치우는 것에 관한 책이 아니다. 무언가를 새로이 시작하는 것에 관한 책도 아니다. 이 책은 우리가 직장에서 일을 하면서 반드시 만날 수밖에 없는 '네 가지(인맥, 기술, 인성, 추진력)'를 활용해 주도적으로 경력을 쌓아가는 방법을 다루는 책이다. 이 네 가지 요소는 너무 뻔해서 누구든 무심코 넘겨버리기 십상이다. 하지만 이 것들은 이미 오래전부터 당신의 손길을 기다리며 허리춤에 단단히 매여 있었다.

일이 꼭 그렇게 끔찍할 필요가 있을까? 우리는 왜 그토록 일을 저 주하면서도 날마다 야근을 하고 일에 매몰되어 사는 걸까? 나는 우 리가 기본으로 돌아가 이 네 가지 경력 관리의 '연장통'을 제대로 활 용한다면, 죽어라 일하지 않아도 회사 안에서 우리의 가치를 높일 수 있으리라 확신한다.

↻ 모든 것이 변해버린 그 날

어느 금요일, 이웃에 사는 네이트가 직장을 잃었다. 금요일 오후에 상 사가 찾는다면 그건 회의가 아니라 지뢰일 가능성이 높다. 네이트의 경력은 하루아침에 달라졌다. 별안간 실직자가 됐고, 이는 자기 뜻도 아니었다.

네이트는 유능한 직원이었다. 늘 자신의 성과를 경신했다. 사람들 도 그를 좋아했다. 그의 고객 중 대다수가 네이트에게 위로의 문자를 보냈다. 예나 지금이나 그는 여전히 멋진 사내였다.

그런데도 그는 지금 곤경에 처했다. 8년 동안 다니던 크고 탄탄한 회사 울타리 밖으로 쫓겨나 하루아침에 거리를 배회하는 신세가 된 것이다. 화려한 경력은 사라졌고, 한순간 내던져진 바깥세상은 그가 처음 회사에 들어갈 때와는 딴판으로 변해 있었다. 그는 얼떨떨한 표정을 지으며 직장에서 쫓겨난 기분을 내게 토로했다. "난 링크드인 (LinkedIn, 구인구직 서비스에 SNS 기능을 합친 서비스-옮긴이)도 쓸 줄 모른단 말이야."

갑작스럽게 일자리에 변화가 생기는 상황을 예상하는 사람은 없다. 하지만 1년 넘게 직장생활을 해본 사람이라면 그런 일이 드물지 않다는 걸 알 것이다. 회사라는 거대한 파도는 불시에 배를 쓸어버리기도 한다.

해고 같은 극적인 경력의 변화가 거대한 파도라면, 그보다 위험은 덜하지만 위협적이기는 마찬가지인 것이 있다. 예를 들어 '경력의 천장' 같은 것이 그렇다.

경력의 천장은 당신이 타고 올라가는 경력의 사다리 꼭대기를 가로막고 있는 '뚜껑'이다. 특정 분야에서 보통 사람이 도달할 수 있는 가장 높은 자리다. 내가 소프트웨어 회사에서 일할 때 맡았던 '시니어 콘텐츠 디자이너'가 그런 자리였다. 나는 그 회사의 하청업자로 일을 시작했다. 시간이 지나 정직원이 됐고 몇 년 뒤에는 시니어 콘텐츠 디자이너라는 직책을 맡았다. 사실상 그때가 내 경력의 정점에 도달한 때였다. 그 자리에 있는 동안 나는 어느 때보다 많은 돈을 받았다. 무엇보다 회사 안에서 공식적으로 글을 쓸 수 있는 유일한 보직이라는 점이 가장 마음에 들었다.

하지만 그 자리에 계속 있을 수도 없었다. 위로 올라가는 유일한 방법은 '크리에이티브 디렉터'가 되는 것인데, 그 직책은 디자이너와 카피라이터를 관리하는 일종의 최고 책임자 자리였다. 물론 그것을 훌륭한 선택지라고 생각하는 사람도 있겠지만, 크리에이티브 디렉터는 내가 가장 좋아하는 글쓰기와는 전혀 상관이 없는 자리였고, 나는 글쓰는 일을 그 무엇과도 바꾸기 싫었다.

나이 서른둘에 내 삶은 이미 타성에 젖어 있었다. 해가 갈수록 월급이 조금씩 오르고 책임도 약간 커졌지만, 나는 이미 목표를 잃은 상태였다. 어린 자식 둘을 키우고 있었고, 담보대출 금액도 만만치 않았다. 앞으로 30년 동안 계속될 단조로운 직장생활을 생각하면 눈앞이 캄캄했다. 고작 서른둘밖에 안 됐는데 결승점을 코앞에 두고 있다는 현실이 목구멍으로 삼키기 힘든 우둘투둘한 알약만큼이나 불편하고 마음에 들지 않았다.

오전 9시부터 오후 6시까지 아무것도 안 하고 퇴근한 어느 날, 한적한 공원을 가로질러 집에 가던 길에 아이들에게 풍선으로 동물을 만들어주는 남자를 만났다. 그는 내게도 풍선 하나를 주며 "힘내세요!"라고 말했다. 나는 그 풍선을 받지 않고 그를 피해 달아났다.

나도 알고 있다. 내가 배부른 고민을 했다는 것을. 급여 액수, 담당 업무, 조직 문화 등 어느 하나 마음에 드는 것이 없지만, 회사를 옮길 수 있는 경력이 준비되지 않아 괴로워하는 사람이 훨씬 많을 것이다. 이렇게 경력의 벼랑에 몰린 사람들이 고민하는 선택지가 몇 가지 있다.

첫째, 다른 회사를 알아본다.

둘째, '크리에이티브 디렉터' 같은, 회사에서 맡고 싶지 않은 일을 한다.

셋째, 현실을 받아들이고 지금 다니는 직장에서 앞으로 대충 20년 동안 뭉갠다.

첫 번째 대안은 일을 바로잡는 게 아니라 시간만 미룰 뿐이다. 승진을 하고 연봉이 오를 수는 있다. 하지만 다른 회사에 마침 '슈퍼 시니어 콘텐츠 디자이너'라는 직책이 있어서 그 자리로 옮긴다 하더라도 결국 언젠가는 과거에 다다랐던 경력의 한계에 도달할 것이다.

두 번째 대안은 올라가고 있던 경력의 사다리에서 다른 사다리로 바꿔 타는 것에 지나지 않는다. 하기 싫은 일을 더 많이 맡게 되어 문제의 원점으로 다시 돌아온다. 원치 않는 사다리를 타고 올라가본들 승진을 하기는커녕 벌 받는 기분이 들 것이다. 잘못된 경력에 발만 더 깊숙이 담그는 셈이다.

세 번째 대안은 분명 가장 인기 있는 선택지이지만 가장 절망적인 선택지이기도 하다.

한 여론조사에 따르면 '현재 자신이 하는 일이 싫거나 일에서 마음이 떠났다'고 답한 비율이 70퍼센트였다. 우리는 언젠가부터 '일'은 죄악이며 그 일에서 해방되는 것만이 유일한 해결책이라는 거짓말을 마치 새로운 문화라도 되는 것처럼 집단적인 광기에 휩싸여 신봉하고 있다. 우리는 'TGI 프라이데이'로 밥을 먹으러 가지 'TGI 먼데이'로는 가지 않는다.

우리는 주말을 위해 산다. 평일은 "꿈이 죽으러 가는 곳Where dreams go to die"(미국 포크 가수 존 그랜트John Grant의 노랫말-옮긴이)이라는 말에 수긍하기 때문이다. 지금 이 책을 읽고 있는 곳이 직장이라면 주위를 한번 둘러보라. 딱 봐도 열에 일곱은 자기가 지금 그곳에 있다는 사실을 못마땅하게 여길 것이다. 싫어하는 일을 해야 하는 곳에서 날마다 8시간 이상 앉아 있고 싶어 하는 사람은 아무도 없다.

하지만 꼭 그럴 필요가 없다면? 직장이 때려치우거나 눈 질끈 감고 버텨야 하는 곳일 필요가 없다면? 내 앞에 놓인 일의 조건이나 내용 따위가 변하기를 기다리지 않고 내가 먼저 변한다면? 일을 피하려고 애쓰지 않고 오히려 그 상황에 적극적으로 대처한다면? 경력의 전환은 누구에게나 닥치는 현실이다. 그렇다면 질문은 달라진다.

어떻게 하면 내 경력을 현명하게 도약시킬까?

경력의 위기를 어떻게 무사히 넘길까?

꼭대기에 도달한 경력의 한계를 어떻게 뚫고 나갈까?

갑자기 찾아온 경력 전환의 기회를 어떻게 슬기롭게 활용할까?

이 질문들의 답은 하나다. 지금 당장 우리의 몸값을 불리는 데 가장 결정적인 영향을 미치는 '네 가지'를 관리하는 것이다. 앞에서 내가 말한 그 연장통을 들고서 말이다.

↻ 일만 한다고 경력이 쌓이는 건 아니다

나는 마지막 직장을 그만둔 지 24시간 만에 친구 100명에게 연락을 받았다. 한 달 만에 새로운 글쓰기 프로젝트가 줄을 섰다. 내가 특별히 잘났기 때문이 아니다. 내 몸값을 구성하는 '네 가지' 요소를 착실하게 관리한 덕분이었다.

몸값을 불리기 위해 우리는 어디에 집중해야 할까? 간단한 공식을 소개하겠다.

너무 뻔하다고? 아마 당신은 이 네 가지 요소를 그 누구보다 잘 알고 있을 것이다.

$$\left(\begin{array}{c} \text{Relationships} \\ \text{인맥} \\ + \\ \text{Skills} \\ \text{기술} \\ + \\ \text{Character} \\ \text{인성} \end{array} \right) \times \begin{array}{c} \text{Hustle} \\ \text{추진력} \end{array} = \begin{array}{c} \text{Career} \\ \text{Savings} \\ \text{Account} \\ \text{몸값} \end{array}$$

* 인맥 =

　　당신이 아는 사람. 지난 경력 기간에 당신이 알고 지냈던 사람들.

* 기술 =

　　당신이 할 줄 아는 것. 경력을 쌓는 데 필요한 가장 기본적인 도구.

* 인성 =

　　당신이 어떤 사람인지 나타내는 척도. 당신의 모든 경력을 담는 그릇.

* 추진력 =

　　당신이 일을 하는 방식. 남들이 하지 않는 어떤 일을 밀어붙여서 그
　　들이 얻지 못하는 결과를 누릴 수 있게 해주는 연료.

　　좋은 경력을 쌓아 더 나은 일자리로 도약하는 데 인맥, 기술, 인성,
추진력이 꽤 중요하다는 이야기를 듣고 깜짝 놀랄 사람은 아무도 없

다. '인성? 그런 게 있어야 되는 거였어?' 만약 이렇게 반문했다면 안타깝게도 더 이상 내가 해줄 조언은 없다.

각각의 투자 항목은 우리에게 익숙한 것들이지만, 우리는 새로운 관점으로 이 네 가지를 다시 조합할 것이다. 그리고 나는 이것을 '경력통장Career Saving Account'이라고 부를 것이다. 당신은 당신만의 경력통장이 있는가? 이런 단어를 처음 들어봤다고 해도 걱정할 것 없다. 당신은 이미 이 통장을 가득 채울 역량을 충분히 갖추고 있다. 다만 그것들을 경력에 활용할 생각을 미처 하지 못했을 뿐이다.

인맥도 탄탄하고 기술도 뛰어난데 일을 힘 있게 밀어붙이는 추진력이 부족할 수도 있고, 흠잡을 데 없을 정도로 멋진 인성을 갖췄지만 제대로 다룰 줄 아는 기술이 없을 수도 있다. 모든 것을 다 갖췄지만 뒤에서 밀어줄 든든한 조력자가 없을 수도 있다. 내가 강조하고 싶은 것은 이것이다. 경력이 형편없다는 사실이 중요한 게 아니다. 다만 네 가지 요소 중에서 하나가 부족하면 나머지 셋의 잠재력을 최대한으로 발휘할 수 없다는 게 문제다.

네 가지 요소 중에서 세 가지 요소만으로 구성된 경력통장이 맞게 될 운명은 이렇다.

* 인맥 + 기술 + 인성 - 추진력 =
  쓸모없는 잠재력. NFL 드래프트 버스트(드래프트 1순위이지만 팀 전력에 도움이 안 되는 선수-옮긴이), 히트곡 하나 내고 사라진 반짝 스타.

* 기술 + 인성 + 추진력 − 인맥 =
  비로소 경력의 무대에 오른 벌거벗은 임금님.

* 인성 + 추진력 + 인맥 − 기술 =
  NBA에서 뛰는 베이브 루스, MLB에서 방망이를 쥔 마이클 조던.

* 인맥 + 추진력 + 기술 − 인성 =
  타이거 우즈, 거짓말쟁이 기업 옥시.

나는 내 경력이 위기에 몰리고 사람들에게 동정의 시선을 받기 전까지는 그동안 내가 경력통장의 투자 항목들을 착실히 불려오고 있었다는 사실조차 인식하지 못했다. 사람들은 마치 내가 한쪽 팔이라도 잃은 것처럼 슬픈 표정으로 나를 바라봤고 차분하고 걱정스러운 목소리로 물었다. "이사 갈 거예요?" "우리가 도울 일이 있을까요?" "어색하긴 한데 잠깐 안고 같이 울어줄까요?"

친절한 질문들이지만 여기에는 흥미로운 전제가 깔려 있다.

경력의 전환기를 맞은 사람은 분명 상심이 클 것이다.

사람들이 이렇게 생각하는 이유는 그들 자신이 경력의 전환기를 맞이했을 때 의지할 곳 없이 방황하고 헤맸기 때문이다. 갑작스럽게 회사를 그만두거나 경력을 새로 시작해야 하는 상황에 내몰리면, 살면서 처음으로 자신의 경력통장을 꺼내 보고 그 안이 얼마나 텅텅 비었는지 확인해야 하는 무시무시한 순간에 맞닥뜨리게 된다. 절망의 나락에 떨어지기 전까지는 경력통장을 만들어야겠다는 생각도, 그것이 필요하다는 생각도 하지 못한다.

왜 그럴까? 우리는 일을 하라고만 배웠지 경력을 쌓으라고 배우지는 않았기 때문이다.

↻ 당신의 역량을 분산시켜 방치하지 마라

사람들은 흔히 '무엇을 아느냐'보다 '누구를 아느냐'가 더 중요하다고 말한다. 케이블이 말썽이거나 컴퓨터가 망가지면 수리기사를 부르면 된다. 금전적인 문제가 생기면 재무 상담사에게 전화를 걸어 조언을 구하면 그만이다. 살면서 생기는 거의 모든 상황에는 전화나 이메일로 도움을 구할 수 있는 누군가가 반드시 존재한다.

하지만 커리어 관리 분야에는 전문가나 상담가가 없다. 경력에 문제가 생기면 우린 거의 무방비 상태가 된다. 조언을 구할 줄 몰라서가 아니다. 계획을 못 세워서가 아니다. 문제는 우리의 경력 관리에 관해 적절한 조언을 해줄 사람이 회사 바깥에 없다는 사실이다. 이 책을 읽을 평범한 대다수는 틀에 박힌 직장생활에 갑갑함을 느끼거나 경력에 문제가 생겨도 기댈 곳이 없는 사람들일 것이다.

가령 당신이 나이 서른넷의 웹 개발자인데 지금 엉뚱한 곳에서 쓸

데없는 경력을 쌓고 있다는 기분을 떨칠 수 없다면 누구한테 전화를 하겠는가? 나는 개인 상담가의 엄청난 팬이지만 그런 사람에게 조언을 구할 생각조차 안 하는 사람이 대다수라는 걸 잘 안다. 그래서 만약 당신이 늘 하던 대로 평소에 사적인 고민을 털어놓는 사람에게 전화를 걸 생각이라면 알아둬야 할 것이 하나 있다.

지금 머릿속에 가장 먼저 떠오른 사람은 아마 친구일 것이다. 벨이 울리고 친구가 전화를 받는다. 그 친구도 자기 일을 지긋지긋하게 여길 가능성이 크다. 어쩌면 그 친구를 만나 커피를 마시며 각자의 상황에 대해 이야기하면서 위로를 받을 수도 있다. 고통은 나누면 줄어든다고 하지 않던가. 하지만 어떤 동료는 고통을 배가시킨다. 커피숍에서 친구와 조용히 나누는 커피 한 잔은 대개 아무것도 바꾸지 못한다.

트위터나 페이스북 같은 소셜미디어에 접속해 일에 대한 불평불만을 쏟아낼 수도 있다. 대다수의 기업이 온라인에서 직원들을 뒷조사한다는 것을 신경 쓰는 사람은 거의 없다. 이미 많은 수의 기업 인사부서에서는 면접 전에 구직자의 인터넷 활동 기록을 검색한다. 온라인에 불평을 늘어놓으면 당장은 마음이 편해질지 몰라도 지금 다니는 직장에서 안 좋은 평가를 받거나 다음 직장에서 당신을 채용하지 않을 원인이 될 수 있음을 상기하기 바란다.

경력 전환의 기로에 선 당신은 아마 구글이나 네이버에 '이직 상담', '커리어 쌓기' 등의 단어를 검색해봤을 것이다. 반가운 소식은 검색 결과가 수백만 개나 나온다는 사실이고, 안 좋은 소식은 역시 검색 결과가 수백만 개나 나온다는 사실이다. 이 수많은 검색 데이터 중에서 어디서부터 시작할 것인가? 수많은 경쟁자의 이력서가 넘쳐나는 구인구직 사이트? 꿈꿔왔던 일을 시작하기 위해 당신이 해야 할 색다른 시도를 알려주는 인터넷 기사? 그럴싸해 보이는 헤드헌터?

이제라도 면접관들의 심금을 울릴 회심의 이력서를 작성해 취업 전선에 뛰어들 수도 있다. 하지만 문제는 경쟁에 도전장을 내민 사람이 당신 말고도 너무 많다는 점이다.

결국 당신은 지금 그 자리에서 하루만 더 참기로 한다. 아니 한 달. 아니 1년. 그래도 기분은 좀 나아졌다. 적어도 시도는 해보지 않았는가? '그래, 지금 이 정도의 몸값도 나쁘지 않아!'

의도적으로 경력을 새로 쓰는 일은 너무 귀찮고 복잡하다. 모든 게 모호하고 불확실하다. 갈피를 잡을 수 없다. 하지만 자신의 장단점을 분석하여 네 가지 항목을 적절히 관리해왔다면 이런 위기에 처했을 때 나름의 객관적인 판단을 할 수가 있다. 모든 문제가 단순해진다. 이제 우리가 할 일은 한 가지다. 이미 오래전부터 알게 모르게 축적해온 우리의 잠재력을 하나의 그릇에 담아 그 힘을 증폭시키는 것이다. 부디 당신의 역량을 분산시켜 방치하지 마라.

℃ 더 높은 곳으로 도약할 순간

무언가를 새로 시작해야 한다는 강박에 압도당하는 기분을 느껴본

적이 있는가? 지금까지 쌓아온 경력을 업그레이드해야 한다고 말하면 마치 수풀이 우거진 위험천만한 정글 속으로 들어가 자신의 볼품없는 경력을 새로 쓰기 위해 악전고투해야 한다는 부담을 느낄 것이다. 하지만 경력을 쌓는 작업은 그렇게 복잡하지 않다. 다음 페이지의 그림에서 보듯이 실제로 우리가 대비해야 할 경력 전환의 유형은 네 가지뿐이다.

우리는 직장을 옮기려고 다른 회사에 이력서를 내는 것처럼 자발적인 결정을 할 때도 있고, 청천벽력같이 날아든 해고 통지서를 받고 당신이 어찌해 볼 수 없는 비자발적인 상황을 겪기도 한다. 하지만 자발적이라고 해서 다 좋은 것은 아니다. 지금 하는 일이 안 맞지만 새로운 시도를 하는 게 두려워서 그 일을 계속하는 사람이 얼마나 많은가. 누구나 잘못된 결정을 한다. 헤어져도 마땅한 애인을 떠나지 못하고 여태 사귀고 있는 친구가 한 명쯤은 있지 않은가? 반대로 비자발적이라고 해서 다 나쁜 것도 아니다. 예상치 못했던 승진이 그렇다.

네 가지 항목을 철저히 관리해두면, 어떤 상황에서도 기민하게 대응할 수 있다. 경력의 전환기에 우리가 가장 자주 부딪히는 상황은 어떤 것들이 있을까?

첫째, 틀에 박힌 직장생활을 억지로 버티며 현실을 받아들이고 기꺼이 그 일을 하고 있는 당신은 경력의 '천장'에 가로막혀 있다. 자발적이지만 부정적인 경험을 하고 있는 것이다. 하루 종일 머리에 총구가 겨눠진 채로 일을 하는 셈인데, 정작 그 선택을 한 사람은 당신이다. 뒤집어 생각하면 당신이 마음만 먹으면 그 자리를 박차고 나갈

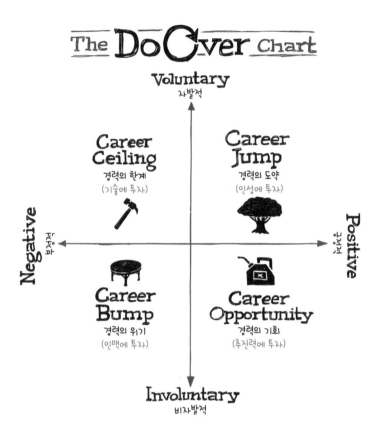

The DoOver Chart

Voluntary
자발적

Negative 부정적

Positive 긍정적

Career Ceiling
경력의 한계
(기술에 투자)

Career Jump
경력의 도약
(인성에 투자)

Career Bump
경력의 위기
(인맥에 투자)

Career Opportunity
경력의 기회
(추진력에 투자)

Involuntary
비자발적

수 있다는 뜻이다. 경력의 천장에 다다랐을 때는 그동안 여러모로 갈고닦은 '기술'과 '전문성'이 그 천장을 부수는 망치가 되어줄 것이다.

둘째, 직장을 옮기거나 사업을 시작하거나 지금 하는 일을 더 잘하기 위해 외부 교육에 참석하고 자격증 공부를 하는 당신은 더 높은 곳으로 '도약'할 기회를 노리고 있다. 자발적이면서도 긍정적인 결정이다. 남을 배려하는 '태도'와 신중한 '판단력'이 당신의 성공적인 도약을 이끌어줄 것이다.

셋째, 통제할 수 없는 외부에서 무언가 멋진 일이 생기면 당신은 스스로 원하진 않았지만 더 좋은 경력을 쌓을 수 있다. 바로 경력의 '기회'다. 몇 년 동안 소식이 뜸했던 친구가 갑자기 일자리를 제안한다거나, 상사가 운명의 짝을 만나 하와이로 떠난 덕분에 그토록 원하던 자리가 공석이 되는 상황이 바로 그런 상황이다. 온갖 역량을 한곳에 모아 폭발시킬 '추진력'이 이런 뜻밖의 기회를 최대한 활용할 수 있도록 도와줄 것이다.

넷째, 당신의 경력은 최악의 '위기'를 맞을 수 있다. 네 가지 유형 중 가장 비자발적이면서 부정적이기까지 한 경험이다. 감원 바람이 불어 일자리를 잃은 사람이나 한창 경기가 불황일 때 취업 전선에 나온 사람이 이 유형에 속한다. 이런 상황에 처하면 당신이 속한 '커뮤니티'와 그동안 쌓아놓은 '인간관계'가 그 위기를 타개하는 길잡이가 되어줄 것이다.

이 네 가지 유형이 그림에서처럼 현실에서도 명확하게 구분될까? 물론 아니다. 삶은 그것보다 훨씬 복잡하고 난해하다. 그러니 더욱 평소에 준비를 해야 한다. 안타까운 상황을 타개하고, 나아가 우리의 몸값을 높여줄 핵심적인 자질을 새롭게 조합해 나만의 망치, 즉 경력통장을 만들어야 한다.

희망을 품자, 적당히

또 실패했는가? 괜찮다. 다시 실행하라. 그리고 더 나은 실패를 하라.

- 프랑스의 소설가 사뮈엘 베케트

경력을 전환하려고 마음먹었을 때 우리를 가로막는 가장 큰 적이 있다. 바로 '두려움'이다.

　두려움을 없애기 위해 내 나름대로 찾아낸 방법은 다음과 같다. 두려움의 대상을 종이에 적고, 그것을 정면으로 대면하는 것이다. 두려움의 면전에 정통으로 주먹을 날리는 것이다.

　하지만 안타깝게도 두려움은 절대 혼자 싸우지 않는다. 두려움은 늘 친구와 함께 다닌다. 두려움을 보기 좋게 때려눕힌 승리감에 우쭐해 있는 동안 그 친구가 등장해 당신의 옆구리를 사정없이 걷어 찰 것이다. 두려움이 요란하고 거친 야수라면 이 녀석은 은밀하고 약삭빠르다. 두려움이 쓰러지는 순간 뒤에서 나타나는 이 녀석은 링 위에 오르면서도 서두르는 법이 없다. 바로 '안주'라는 녀석이다. 두려움과 마찬가지로 이 녀석도 아주 교묘하다.

아까 두려움과 싸울 때에는 동기부여가 충분했다. 두려움에 대한 책을 읽고 각오를 다졌다. 철저히 준비해 링 위에 올라가 두려움을 쓰러트렸다. 하지만 링에서 내려온 순간 당신은 이 질문의 미궁 속으로 빨려 들어간다.

"그래서, 다음은 뭐지?"

승리의 세리머니까지 마쳤지만 정작 이제부터 무엇을 해야 할지 알 수가 없다. 두려움을 잠재우고 난 뒤의 계획까지는 미처 생각하지 못한 것이다.

그다음에 정확히 무엇을 해야 할지 알고 있다면 그 일을 하면 된다. 하지만 쉽지 않을 것이다. 당신은 당신도 놀랄 만큼 두려움을 멋지게 때려눕혔다. 활활 타오르던 당신의 화염과 분노는 태양과 맞먹을 정도였다. 그래서 뭐? 다음은 뭔가? 이제 뭘 하면 되나?

↻ 정말 지금이 괜찮다고 생각해?

완벽한 계획은 없다. 누구든 마찬가지다. 하지만 누구나 계획을 세울 때는 자신이 완벽한 계획을 세울 수 있다고 생각한다. 실수를 용납하지 않는다. 헛발질로 승리의 순간을 망치고 싶어 하지 않는다.

그래서 잠깐 멈춘다. 뭐랄까, 그냥 숨을 좀 고르려고 말이다. 그냥 호흡을 좀 가다듬는 것뿐이다. 그 순간 얼마나 빨리 타성에 젖는지는 전혀 눈치채지 못한다. 틀에 갇히는 과정은 결코 극적이지 않다. 다 당하고 나서야 잠에서 깨기 때문이다. 안주는 요란스럽게 펑 터지는 폭탄이 아니라 서서히 퍼지는 가스다. 밤마다 몰래 숨어들어 하루에 동전 하나씩 훔치는 도둑에게 전 재산을 빼앗기듯 모든 게 사라지고 나서야 그 사실을 깨닫는다.

이 일이 그렇게 나쁘진 않아. 그렇게 싫은 건 아니야. 괜찮아. 아니, 사실 좋은 것 같기도 해. 맞아, 난 이 일이 좋아. 상사도 봐줄만 해. 그러니까 내 인생도 좋아. 좋은 인생은 좋아. 그래, 좋은 게 좋은 거지!

그러면서 마음이 점점 편안해진다. 편한 게 나쁘다는 이야기가 아니다. 나도 편한 게 좋다. 하지만 편안함 속에서 위대한 삶이 탄생하는 일은 극히 드물다. 이렇게 말하는 음악가를 본 적 있는가? "마침내 삶이 너무 편안하고 안락해져서 내 생애 최고의 음악을 만들 수 있었어요." 편안한 상태와 혼수상태는 한 끗 차이다. 눈부시게 빛나던 용기가 점점 빛을 잃어간다. 말랑하던 희망이 딱딱하게 굳어간다. 그렇게 우리는 틀에 갇힌다.

물론 해고 통지서를 받거나 감원 소식을 듣고 나서 한동안은 다른 일에 도전할 희망을 품을 수도 있다. 어쩌면 그 경력의 위기는 뜻밖의 선물이었는지 모른다. 하지만 해오던 일과 전혀 다른 일에 도전하는 것은 비슷하지만 새로운 일을 찾는 것보다 훨씬 어렵다. 막상 위기에 몰리면 꿈꿀 시간이 없다. 그래서 곧장 그 중심으로 뛰어내린다.

새 직장, 새 명함, 새 직책. 예전과 똑같이 괜찮고, 결국 예전과 똑같은 틀에 갇힌다. 세상에서 꿈을 좇는 일이 가장 힘들다는 뼈저린 교훈을 얻고 충격에 빠진다. 두려움에서 벗어난 것이 아니라 오히려 그 위에 착지해버렸다.

이제 눈치챘나? 두려움은 단칼에 벨 수 있는 용이 아니라 매일 헤엄쳐야 하는 바다다.

직장의 틀에 갇혀 있을 때는 두려움이 쉽게 건널 수 있는 연못일 줄 알았다. 어둡고 수상한 기운이 감돌기는 해도 건너편이 보였다. 당신은 더 많은 일을 할 수 있다고, 두려움에 결코 굴복하지 않겠다고 맹세하며, 연못이라고 생각했던 그곳으로 뛰어든다. 하지만 알고 보니 그곳은 세상에서 가장 깊은 마리아나해구였다.

경력의 도약 저편에는 당신이 알고 있는 두려움보다 훨씬 거대한 두려움이 기다리고 있다. 하지만 그 이야기를 해주는 사람은 아무도 없다. 친구도, 가족도, 심지어 어떤 책에서도 그 이야기는 언급하지 않는다. 두려움에 맞서기 직전, 혹은 두려움과 맞서는 그 순간에 대해서는 많은 것을 알려주지만 그 이후에 관한 조언은 찾아볼 수 없다.

결전 이후를 이야기하는 책은 장사가 안 된다. 사람들은 장대한 일몰 풍경과 튼튼한 배를 원할 뿐, 깊은 수심에 대해서는 관심을 갖지 않는다.

항해에 나선 당신은 생각보다 깊은 수심에 놀라 두려움에 휩싸이고, 끝내 자신의 선택이 거대한 실수였다고 속단한다. 올바른 선택을 했다면, 꿈을 제대로 좇았다면 두려움이 더 커지는 게 아니라 줄어들어야 할 것 아닌가?

이런 의심의 순간, 두려움이 우리에게 괜찮다고 말하며 슬며시 어깨동무를 한다. 안 그래도 괜찮았던 삶이 더 좋아졌잖아. 그렇게 힘들지 않아. 시도는 언제든 할 수 있어. 해변으로 돌아간다고 해로울 건 없잖아? 그건 포기가 아니야. 숨을 고르는 거지. 이제 안주가 잠에서 깨어 천천히 기지개를 켠 뒤, 고개를 돌려서 목을 풀고 두려움과 교대할 채비를 한다.

대다수는 이런 삶의 쳇바퀴를 돌고 있을 것이다. 우리는 우리가 알지 못하는 미지의 것을 두려워한다. 그래서 점점 '아는 것'의 틀에 갇힌다. 용감하게 두려움과 맞서면 두려움은 곧 패배를 인정한다. 하지만 뒤돌아 이렇게 중얼거린다. "그건 정말 힘들 텐데. 현실에 안주하는 게 훨씬 편할 거야."

우리가 끝내 그 말을 무시하고 타성에 맞서 싸우려고 하면, 이번엔 안주가 우리 뒤통수에 대고 이렇게 속삭인다. "그게 얼마나 무서운데. 좀 두려워하는 게 좋을 걸."

이 끈질긴 두 적은 우리가 포기할 때까지 흔들어댄다. 결국 우리는 월요일은 원래 힘든 날이라고 인정하고 만다. 회사는 원래 힘든 곳이니 이 정도 괴로움은 참고 견뎌야 한다고 스스로를 설득한다. 저기 어딘가에 완벽한 일자리가 있겠지만, 그나마 괜찮은 직장을 걷어차고 회사 바깥으로 나가는 건 어리석은 일이라는 근거 없는 믿음을 받아들인다.

↻ 다시 시작할 수 있는 근력

우리가 늘 이랬던 것은 아니다. 어렸을 때는 무언가 잘못되었다는 걸 깨달으면 "다시 할래!"라고 외칠 배짱이 있었다.

헛스윙을 하면 주저 없이 다시 배트를 쥐고 투수를 노려봤다. 마지막 선을 잘못 그으면 종이를 구겨버리고 새 종이에 다시 그림을 그렸다. 다시 시도하는 것을 두려워하지 않았다. 하지만 어른이 되어가는 길목 어딘가에서 '다시 시도할 수 있다'는 사실을 잊어버렸다. 야구나 낙서만 다시 할 수 있는 게 아니다. 그보다 훨씬 크고 중요한 일도 그럴 수 있다. 우리가 평일의 대부분과 가끔 주말에도 우리 자신을 내어주는 그것. 바로 우리의 '경력'이다. 우리는 언제든지 다시 시작할 수 있다.

인맥, 기술, 인성, 추진력. 각각의 투자 항목을 어떻게 불려 나가느냐에 따라 당신의 경력은 쌓이기도 하고 망가지기도 한다. 그 작은 결과가 모여 우리의 몸값을 결정한다. 이 책을 통해 당신이 다음 두 가지를 얻게 된다면 더 바랄 것이 없겠다.

하나, 언제든 내가 원하는 곳으로 나를 데려다줄 만큼의 몸값을 키운다.
둘, 내 몸값을 꾸준히 관리하며 끊임없이 경력을 갈고닦는다.

경력을 새로 쓰는 일이 힘든 이유는 세상은 계속 변하지만 우리는 변하지 않기 때문이다. 우리는 변화가 가져다줄 엄청난 이익을 알면서도 변화를 두려워한다. 그래서 그것을 무시하고 부정하거나 아니면 맞서 싸우다가 풀썩 주저앉고 만다.

이제 일을 다른 시각으로 바라볼 때다. 줄곧 달아나기만 해오던 꿈을 과감히 좇을 때다. 하고 싶은 일을 할 때다. 벗어날 때다. "다시 할래!"라고 외칠 때다. 일은 우리가 맞서 싸울 적이 아니라 죽기 전까지 현명하게 끌어안을 동반자다. 아직도 어디서부터 어떻게 시작해야 할지 막연한가? 새로운 경력 쓰기 프로젝트의 시작을 이끌 아주 간단한 두 가지 팁을 알려주겠다.

⟳ 기분이 태도가 되어선 안 된다

나는 책을 끝까지 읽지 않는다. 책 쓰는 일을 직업으로 삼은 사람으로서 부끄러운 일이지만 현실이 그렇다. 내 책장 위에는 30쪽까지 읽고 만 책들이 수북이 쌓여 있다. 훌륭한 책일수록 삶의 분주함 앞에 일찍 죽음을 맞는다. 당신이 이 책을 끝까지 읽으면 좋겠지만 세상에는 카이트서핑(서핑 보드에 올라 대형 연을 공중에 띄워 바람의 힘으로 물 위를 내달리는 레포츠-옮긴이)처럼 해봐야 할 멋진 일들이 넘쳐난다. 그러니 만약 이 책이 당신의 흥미를 끌지 못한다면 시간을 낭비하지 말고 과감하게 덮기 바란다.

앞에서 자세히 설명한 '두려움'과 '안주'는 당신이 몸값을 높이기 위한 다양한 도전을 시작할 때에 재빨리 두 개의 벽을 세운다. 한편에는 '태도'라는 글자가 적혀 있고, 다른 한편에는 '기대치'라는 글자가 적혀 있다. 만약 당신이 지금 당장 더 나은 일자리를 원한다면 이 두 벽을 뛰어넘으면 된다.

그 전에 한 가지 묻고 싶다. 당신은 지금 당신 앞에 놓인 모든 문제를 일거에 해결할 방법을 찾고 있는가? 안타깝게도 30초 만에 상사를 내 편으로 만들 기술 같은 건 이 세상에 없다. 이 책을 다 읽는다고 해서 고상한 인격을 얻을 수 있는 것도 아니다. 드디어 꿈을 좇기로 결심한 당신의 추진력에 기름을 붓거나 당신의 인맥 전체를 어찌할 수도 없다.

하지만 당신이 당장 원하는 게 '더 나은 일자리'라면 그건 마련해줄 수 있다. 당신이 원하는 곳에서 원하는 시간에 원하는 일을 원하는 만큼 할 수 있도록 몸값을 높이고 싶다면 내가 도와줄 수 있다. 그렇다면 이제 당신이 할 일은 태도를 '선택'하고 기대치를 '조정'하는 것뿐이다.

태도

나는 "태도를 바꿔라"라고 말하지 않았다. 태도를 바꾸는 일은 몇 년이 걸릴 수도 있다. 하지만 '선택'은 잠깐이면 된다. 내일 출근해서 좋은 태도를 선택하라. 냉소적으로 일을 대하지 않는 태도를 선택하라. 마치 회사에 호의를 베풀 듯 출근해준 게 어디냐는 식으로 행동하지 않는 태도를 선택하라. 매사에 불평하지 않는 태도를 선택하라. 동료의 성취에 박수를 보내는 태도를 선택하라. 당신을 찾은 사람을 늘 극진하게 대하는 태도를 선택하라. 그리고 마침내 그 태도가 당신 것이 될 때까지 매일 선택하라.

이런 선택은 매일 바뀌는 당신의 기분과는 아무 상관이 없다. 기분은 온갖 것들의 영향을 받고, 그 탓에 통제하고 예측할 수 없는 가장 변덕스러운 요물이다. 그러니 당신의 태도를 기분 따위에 휘둘리게 방치하지 마라. 아마도 '기분'이라는 녀석은 오늘 출근길이 유난히 힘들어서 하루가 벌써 망가졌다고 속삭일 것이다. 기분이 하는 말을 듣지 마라. 그냥 선택하라. 바로 오늘, 지금 당장 좋은 태도를 선택하라. 이것이 당장 상사를 깜짝 놀라게 하고 동료와의 관계를 개선하고 장기적으로 탁월한 경력을 쌓는 가장 빠른 방법이다.

기대치

그다음으로 할 일은 기대치를 '조정'하는 것이다. 누구에게나 직장에 기대하는 것이 있고 그 기대가 충족되지 않으면 일이 즐겁지 않다. 직장이 당신의 온갖 창의적인 아이디어를 실현시켜주기 바라는가?

지금 하는 일이 당신이 바라 마지않는 꿈의 직업이 되기를 바라는가? 이제 3분 동안 당신이 직장에 바라는 것을 적어보자. 그리고 다시 3분 동안 당신이 진짜 바라는 것을 적어보자. 아마 처음에 적은 것 중에서 절반 이상은 자신을 속이는 답이었을 것이다.

토크쇼 진행자 톰 매글리오지Tom Magliozzi는 '행복은 현실 빼기 기대'(행복=현실-기대)라는 이론을 내놓았지만 나는 거기에 동의하지 않는다. 이 이론을 좀 더 긴 문장으로 바꾸면 "행복해지는 방법은 기대를 안 하는 것이다"가 되는데, 이건 터무니없는 소리다.

기대한다는 건 희망을 품는다는 뜻이다. 꿈을 갖는 것이다. 나에게 일어나기를 바라는 것에 대한 욕망을 인정하고 키우는 것이다. 직장에서 좌절감을 느끼지 않으려고 아예 희망하기를 그만두는 것은 말이 안 된다.

해결책은 기대를 아예 안 하는 게 아니다. 기대치를 조정하는 것이다. 희망을 품되 적당히 품는 것이다.

이제 당신이 기대하는 것을 전부 종이에 적고 그것들의 제자리를 찾아라. 지금 다니는 직장에서 충분히 만족시킬 수 있는 기대치도 있을 것이고, 다른 곳으로 이직을 하거나 회사를 그만두고 자유의 몸이 되어야만 만족시킬 수 있는 기대치도 있을 것이다.

부업이든 취미든 다른 일이든 전부 마찬가지다. 나는 늘 시집을 내고 싶었다. 이 소망이 내 마지막 상사이자 숫자를 다루는 금융 전문가 데이브 램지Dave Ramsey에게 바랄 만한 기대였을까? 아닐 것이다. 그런데도 나는 그에게 그런 기대를 하는 실수를 범했다.

태도나 기대가 제자리를 찾지 못하면 이 잘못된 '불일치'는 사사건 건 우리의 일에 개입해 발목을 잡고 악순환에 빠트릴 것이다. 만약 당신이 회사에 남몰래 기대하는 것이 있고 그것을 회사가 충족시켜 주지 못한다면 당연히 당신은 좋은 태도를 선택하지 않을 것이다. 그리고 당신의 태도가 나빠지면 회사가 당신의 기대치를 충족시켜줄 가능성은 더 낮아진다. 이 악순환의 고리가 몇 바퀴 구르고 나면 세상에 일만큼 끔찍한 게 없어진다.

지금 당장 더 나은 일자리를 원하는가? 몸값을 높이고 싶은가? 그렇다면 일단 더 나은 태도를 선택하라. 그리고 너무 높은 곳에 세워 둔 기대치를 원래의 자리로 갖다놔라.

1부

제발 혼자
해결하려고
애쓰지 마

당신이 도움을 필요로 한다는 사실을 모르면
그들은 당신을 도울 수 없다.
도움을 청하는 게 싫다고? 나도 싫다.
애초에 도움을 청할 일이 안 생기면 좋겠다.
하지만 그건 불가능하다.

추천으로 입사한 직원이 90일 이상 근무하면 그 사람을 추천한 직원에게 250달러를 지급하는 회사에 다닌 적이 있다. 만약 신규 입사자가 소위 '개발자'라는 신화적 존재라면 지급액은 2000달러로 뛴다.

이 회사가 인재 추천에 2000달러라는 큰돈을 내건 이유는 뭘까? 능력 있는 인재라면 그 정도 돈을 투자하는 일은 아무것도 아니기 때문이다. 잘못 뽑은 직원이 회사에 끼치는 손실보다 좋은 인재를 채용하는 데 드는 비용이 훨씬 싸게 먹힌다. 온라인 신발 및 의류 쇼핑몰 자포스Zappos의 CEO 토니 셰이Tony Hsieh는 지금까지 잘못 채용한 직원 때문에 입은 손실이 1억 달러 이상이라고 고백했다. 그만큼 훌륭한 인재를 찾는 일이 쉽지 않다는 뜻이다. 따라서 기업은 가장 적은 비용으로 가장 빠르고 정확하게 사람을 뽑기 위해 '인맥'을 동원한다.

오래전부터 일자리를 구하는 가장 기본적인 방법은 인맥을 통하는 것이었다. "무엇을 아느냐보다 누구를 아느냐가 더 중요하다." 진부하게 들릴지 모르지만 이 말은 여전히 유효하고 강력하다.

인맥은 당신에게 첫 번째 면접 기회를 제공할 것이고, 면접이 잘 풀린다면 첫 번째 일자리까지 얻게 해줄 것이다. 이력서만으로는 지원자의 인성이나 추진력을 파악하기가 거의 불가능하기 때문이다. 부도덕한 일 처리로 회사에 엄청난 손실을 안긴 직원도 이력서만큼은 깨끗하다. 거기에 "회삿돈을 횡령하는 경향이 있음"이라거나 "중요한 고객과 미팅이 있는 날에는 반드시 지각하는 능력자"라는 언급은 적혀 있지 않다. 직무 관련 기술이나 자격 등은 이력서를 보고 판단할 수 있지만 그마저도 과장일 가능성이 있다.

지원자에 대해 가장 정확하고 즉각적인 평가를 가능하게 해주는 것이 바로 인맥이다. 당신이 만약 옆 부서의 A 대리가 인성도 좋고 기술도 뛰어나고 추진력도 있어서 믿음직한 직원이라고 생각한다면, 그런 A 대리가 누군가를 추천했을 때 그 사람이 A 대리에 버금가는 인재일 것이라고 우리는 합리적으로 추론할 수 있다. A 대리가 그 사람을 회사에 추천했다는 것은 자신의 평판을 건 '승인 도장'을 그 사람 이력서에 찍었다는 뜻이다.

인맥을 쌓는 데 의도적으로 시간을 투자하는 사람은 거의 없다. 그 투자로 돌려받을 보상이 즉각적이지도 않고 측정할 수도 없다고 생각하기 때문이다. 그래서 우리는 기술이나 태도처럼 '내가 확실하게 통제할 수 있다고 믿는 영역'에 집중하곤 한다. 게다가 그런 것들은 인간관계만큼 까다롭고 복잡하지도 않다. 만약 인맥을 포기하겠다고 마음먹었다면 당신이 지금까지 해왔던 방식대로 앞으로도 그렇게 정면만 바라보며 황무지를 질주하면 된다. 단, 당신의 자동차 바퀴에 펑크가 났을 때 그 누구의 도움도 받을 수 없다는 사실만 명심하기 바란다.

우리가 가꿔야 할 나의 몸값을 구성하는 네 가지 항목 중에서 인맥은 가장 특별한 의미를 지닌다. 다른 항목과 달리 인맥 하나만으로도 놀라운 힘을 발휘할 수 있고, 나머지 세 항목이 충분하다고 해도 인맥이 부실하면 모든 일을 그르칠 수 있기 때문이다.

인맥을 쌓는 일에 쓸데없이 편견을 갖지 말기 바란다. 지금 당장 연회복을 준비해 날마다 파티에 가서 명함을 돌리라는 소리가 아니다. 1부에서 다룰 내용은 우리가 지금까지 해온 일 속에서 쌓아온 '이미 아는 사람들'과의 관계를 더 돈독히 하고, 그들을 마중물 삼아 새로운 사람들과의 관계를 시작하는 방법이다. 내가 인맥에 관해 당신에게 해줄 단 하나의 조언은 이것이다. "인간관계를 너무 어렵게 생각하지 말 것."

우리는 우리가 누구를 아는지 잘 모른다

03

대다수의 사람은 내 편도 아니고 적도 아니다.

- 미국의 작가 리즈 카펜터

사람들은 변화를 싫어한다. 우리 뇌도 변화를 싫어한다. 변화에 직면한 우리의 첫 반응은 그 변화가 소용없는 이유를 생각해내는 것이다.

난 나이가 너무 많아. 게다가 돈도 얼마 모으지 못했다고.
그 일은 너무 위험해. 난 깜냥이 안 돼.
누군가 벌써 그 일을 했을 거야. 괜히 나서지 말자.
그냥 하던 일이나 해야지. 이 회사보다 못한 데가 얼마나 많은데.

난 내 경력에 도움을 줄 만한 사람을 하나도 몰라.

우리는 어쩌면 평생 동안 어떤 일을 하지 말아야 할 이유를 긴 목록으로 작성하는 작업에 최선을 다하며 사는지도 모른다. 그리고 이런 태도는 새로운 사람과 관계를 맺는 데도 영향을 미친다.

무언가를 하기 싫어하는 친구에게 우린 이렇게 묻는다. "그게 왜 하기 싫은데?" 아주 흔한 질문이지만 불행히도 잘못된 질문이다.

예일대 의과대학 교수 마이클 판탤론Michael V. Pantalon 박사는 『순간 설득』이라는 책에서 이런 질문을 하는 사람은 부지불식간에 질문을 받는 사람에게 그 일이 하기 싫은 새로운 이유를 같이 생각해보자고 부추기는 것과 마찬가지라고 지적했다.

상사한테 "왜 주중에 하루는 재택근무를 하면 안 돼요?"라고 묻는 것은 상사에게 재택근무를 금지해달라고 보채는 것이나 다름없다. 부정적인 질문을 받으면 우리의 상상력은 언제나 부정적인 방향으로 작동한다.

이 문제를 해결하려면 그냥 질문을 반대로 하면 된다. '안 돼' 대신 '돼'를 사용하는 것이다. 이렇게 질문을 바꾸면 어떨까.

"제가 주중에 하루 재택근무를 하면 회사에 어떤 이익이 생기는지 아시나요?"

당신에게 필요한 것은 '안 되는 이유 천 가지'가 아니라 '되는 이유 한 가지'다. 이것이 이 책에서 우리가 제일 먼저 연습할 원칙이다.

↻ 나는 도움을 얻을 인맥이 1도 없는데?

틀에 갇히는 방식은 백만 가지쯤 되지만 그 모두를 하나로 묶어주는 공통점이 있다. '창의성의 유예'다. 그들은 꿈꾸는 일 자체가 자신의 기대를 저버릴 것이라고 지레 겁먹고서 아예 시도조차 하지 않고 자신의 운명을 받아들인다. 그런 사람이 품는 희망은 고작 다음 주 월요일이 이번 주보다 나을 거라는 정도다.

우리는 경력통장의 투자 항목 중에서 인맥을 가장 먼저 다룰 것이다. 경력 관리에 인맥을 활용해야 한다는 이야기를 듣게 되면 누구나 이런 생각을 머릿속에 떠올릴 것이다. "나는 도움을 얻을 인맥이 하나도 없는데?" 그나마 바로 직전 직장에서 함께 일한 동료 서넛의 이름은 댈 수 있어도 그 이전 직장, 혹은 맨 첫 직장에서 당신을 도와줄 만큼 어느 정도 알고 지내는 사람을 꼽으라고 하면 아마 대답하지 못할 것이다.

경력이 수렁에 빠졌을 때 그 위기를 돌파할 열쇠를 인맥에서 찾아야 한다는 조언을 들으면 당신은 얼굴을 찌푸릴지도 모른다. 사람들이 삼삼오오 모여 있는 세미나장 같은 곳에서 어쩌다 눈이 마주친 낯선 사람이 성큼성큼 다가와 명함을 건네고 가는 장면을 상상해보라. 이런 상상은 곧바로 우리 주변에 늘 한두 명쯤은 있는 인맥을 악용해제 뱃속을 채우는 사람을 떠올리게 만들고, 인맥을 쌓으려고 노력하면 나도 그 사람과 똑같은 사람이 될지도 모른다는 결론에 이르게 한다. 인맥이 중요한 건 충분히 알고 있지만, 마음 한편에는 인맥을 경계하라는 비상등이 요란하게 깜빡거린다.

'나는 왜 이 바닥에서 나를 도와줄 만한 사람을 한 명도 모를까?'

이런 질문을 마음속으로 하는 것조차 낯 뜨겁고 민망하다.

나도 당신만큼 인맥 쌓는 게 싫었다. 별로 친하지도 않은 사람이 나를 초대하면 집에 들어서자마자 그 집에서 기르는 개와 가장 먼저 친해졌고, 혹시 집주인이 개를 키우지 않으면 꼭 한 마리 들이라고 설득하기 바빴다.

그래서 당신과 우선 이 약속을 하고 싶다. 우리가 다루게 될 인맥은 가식적인 인간관계와는 아무런 관련이 없다. 내가 이야기하고 싶은 인맥은 경력에 초점이 맞춰져 있다. 그것을 모든 유형의 인간관계에 적용할 수 있을까? 아마 그럴 거라고 생각하지만 이 책은 인맥의 일반론을 다루는 책이 아니다. 내가 제시하는 팁은 사람을 조종하는데 아무런 도움이 되지 않을뿐더러 당신과 마찬가지로 나는 그런 짓에는 전혀 관심이 없다. 그토록 많은 사람이 인맥을 쌓는 일에 거부감을 느끼는 이유 중 하나는 무슨 프로젝트에 착수하듯 사람들을 관리하는 것을 왠지 부도덕하게 여기기 때문이다. 하지만 어떤 의도를 품고 사람을 사귀는 것을 이기적이거나 남을 이용해먹는 짓이라고 매도한다면 우리는 대체 누구를 만날 수 있을까?

당신은 여전히 타인과 관계 맺는 데 게으른 것이 고상한 동기에서 비롯된 겸손한 태도라고 믿는가? 돌아오는 결혼기념일에 아무런 계획도 세우지 않은 채 편지 한 장 써주지 않고선 배우자에게 결혼기념일을 '의도적으로' 계획해서 보내는 게 싫어서 그랬다고 말해보라(나중에 어떻게 됐는지 나한테 꼭 알려주기 바란다).

아주 간단한 질문을 하나 해보자. 잠깐, 내 질문에 대답하기 전에 이런 투정이 목구멍까지 올라왔다면 꿀꺽 삼켜라. '날 도와줄 사람을 한 명도 몰라요. 친구도 없어요. 연락하고 지내는 사람도 없고요. 난 밀폐된 유리병 속에 사는 거나 마찬가지예요. 사람과의 접촉을 피하고 싶어서 커피도 인터넷으로 주문해요.'

그리고 이제 이 질문에 대답해보라.

"내 몸값을 높이는 데 도움을 줄 사람을 한 명만 꼽는다면, 그게 누굴까?"

그 사람 이름을 이 페이지 가장자리에 적어라. 벌써 약간 승리한 기분이 들지 않나? 별로 어렵지 않다. 그리고 이건 아직 시작에 불과하다. 당신은 이미 당신이 생각하는 것보다 훨씬 많은 사람을 알고 있다.

↻ 당신의 인생에서 남기고 싶은 사람만 적으세요

어떤 문제의 큰 그림을 이해하는 데 메모만큼 훌륭한 도구는 없다. 시대를 불문하고 전 세계의 위대한 사상가들은 모두 그 사실을 알고 있었다. 원시인들이 동굴 벽에 그림을 그린 건 디자인이 예쁜 메모지

가가 없었기 때문이다. 과장해서 하는 말이 아니다. 생각을 종이에 적어서 그것을 눈으로 확인하는 작업이 얼마나 중요한지는 수많은 연구 결과가 뒷받침한다.

그러니 이제 메모지를 꺼내라. 메모지를 준비하지 못했다면 A4용지라도 네 등분하라.

이 종이 위에 무엇을 적어야 할지는 내가 말해주지 않아도 알 것이다. 이제 좀 더 깊은 물로 뛰어들어보자. 우리가 이런 목록을 적는 이유는 당신이 지금까지 일을 해오며 관계를 형성해온 인적 커뮤니티 안에는 당신의 경력 전환에 도움이 될 만한 사람이 반드시 몇 명쯤은 포함되어 있을 것이기 때문이다. 이렇게 작성한 메모지는 책 후반부에서도 요긴하게 활용할 수 있으므로 잘 보관하기 바란다.

당신과 가장 친한 친구나 가족의 이름부터, 미팅 자리에서 명함만 교환했던 거래처 직원의 이름까지 메모지에 모두 적어보자. 그러면서 다음 여섯 질문에 대한 답을 생각해보자. 나는 당신이 처음에 생각한 것보다 두 배, 아니 세 배, 아니 다섯 배나 많은 수의 이름을 쓰게 될 것이라고 확신한다.

첫째, 당신의 일에 관하여 지혜로운 조언을 해줄 사람은 누구인가?

경력과 관련한 문제가 생겼을 때 조언을 구할 스승이 있는가? 자기 분야에서 독특한 방식으로 뛰어난 성과를 올리는 사람이 있는가? 그 사람이 기꺼이 당신을 도와줄 수 있을까? 당신이 어떤 분야에 있든, 일에 관해 날카로운 조언과 충고를 해줄 수 있는 사람을 찾아보자.

둘째, 함께 일했거나 프로젝트를 공동으로 진행한 사람은 누구인가?

지금 당장 지난 5년에서 10년 사이에 같이 일했던 동료의 이름을 적어라. 직원 연락처를 꺼내 거기 있는 이름을 그대로 옮겨 적을 생각은 하지도 마라. 대학에서 시간강사로 일을 했다면 그때 함께 강단에 섰던 강사와 당신을 가르쳤던 교수의 이름을 적어라. 만약 출판사에서 일했다면 함께 일했던 편집부 동료나 원고를 손보며 만났던 작가의 이름을 적어라.

셋째, 당신을 다른 조력자에게 연결시켜줄 사람은 누구인가?

살다 보면 건너건너 알게 되는 사람이 있다. 꼭 경력이 중심일 필요는 없다. 이 질문은 메모지에 적을 사람들의 범위를 확장시키는 게 목적이다. 시야를 넓혀라.

가령 당신이 일하고 싶은 분야가 건축이라고 해보자. 당신의 꿈은 집을 짓는 것이다. 그런데 당신의 인맥 항목에는 집을 짓는 사람이 없다. 그렇다면 배관공은 어떤가? 전기 기술자는? 그 동네 인테리어 가게 직원은 어떤가? 그들은 당신이 일하고 싶은 회사의 임원이나 직원을 직접적으로 알고 있지 않더라도, 그 분야와 관련이 있는 누군가는 알고 있을 것이다. 어쩌면 그들의 동료나 친구 중에 그런 사람을 아는 사람이 있을지도 모른다.

넷째, 개인사업을 운영하는 사람은 누구인가?

우리는 지금 탐색 범위를 확장시키는 중이기 때문에 당신이 지금 일하고 있는 분야에만 제한을 둘 필요가 없다. 분야에 상관없이 알고 있는 개인사업자 이름을 모두 적어라. 가까운 사람뿐 아니라 한 번이라도 인사를 나눴던 사람까지 전부 포함시켜라. 내 리스트에는 동네 스무디 가게 사장이 있다. 내가 음료 사업이라도 시작하려는 걸까? 아니다. 사업가는 다른 사업가들을 알기 마련이다. 게다가 그들은 풍성한 고객 정보를 확보하고 있다. 내 비즈니스와 스무디 가게 사장의 비즈니스 사이에는 한두 단계 정도의 거리가 있지만, 그 길목 어딘가에는 반드시 기회가 존재한다.

다섯째, 팔로우하는 사람 중 같은 분야에서 일하는 사람은 누구인가?

월드와이드웹(www)이라는 가상의 공간에서 당신이 얼마나 대단한 사람들과 연결될 수 있는지 따위는 설명하지 않겠다. 단 이것만은 기억하라. 트위터와 페이스북에는 당신이 로그인하기만을 기다리는 수많은 잠재적 관계가 넘쳐흐른다.

당신은 세계적인 투자가 짐 로저스Jim Rogers와 만난 적이 있는가? 아마 없을 것이다. 하지만 웹상에서는 그에게 무언가를 물어볼 수도 있고 어쩌면 트위터로 당신에게 도움이 될 만한 답장을 받을 수 있을지도 모른다. 몸값을 높이기 위해선 SNS를 최대한 활용하는 것이 좋다. 나는 트위터를 통해 쌓은 인맥으로 강연을 수십 번이나 했다. 일면식도 없이 온라인에서 팔로우하는 사람들의 이름을 메모지에 적는 걸 두려워하지 마라.

여섯째, 잊었던 사람 중 경력에 영향을 미칠 수 있는 사람은 누구인가?
분명 빠트린 사람이 있을 것이다. 앞에 놓인 메모지를 잘 살펴보고 빠진 사람이 없는지 생각해보라. 절친한 지인이자 작곡가 앤더슨은 내슈빌로 이사 올 때만 해도 동네에 아는 사람이 전혀 없었다. 하지만 몇 달 뒤에 그는 그래미상을 몇 번이나 수상한 아티스트와 공동으로 작곡 작업을 했다. 앤더슨이 어떻게 그런 사람과 인연을 맺었을까? 그 아티스트는 앤더슨이 안전요원으로 일하는 수영장에 아이들을 데리고 다니던 부모 중 한 명이었다. 작은 접점이 점차 인맥으로 발전한 것이다.

자, 목록은 어떻게 되어가고 있는가? 그걸 전부 하루 만에 해치우려고 애쓸 필요는 없다. 느긋하게 마음먹고 페이스북, 트위터, 명함집 따위를 천천히 훑어보자. 카페에서 친구를 만나 위의 여섯 질문을 해보는 것도 좋은 방법이다.

목록은 아마 생각보다 훨씬 길어졌을 것이다. 명심하라. 우리는 생각보다 더 많은 사람을 알고 있다. 만약에 그렇지 않다고 해도 걱정하지 마라. 아마 당신이 너무 엄격한 잣대를 들이댔을지도 모른다. 다시 처음 질문으로 돌아가 좀 더 느슨한 기준으로 답을 생각해보라. 당신이 다니는 수영장의 안전요원이나 단골 카페의 종업원도 훌륭한 인맥이 될 수 있다.

처음에는 한 사람이었지만 이제 목록이 두 배로 길어지지 않았는가? 맞다. 바로 거기에 당신의 기회가 있다. 경력 전환에 인맥을 활용하는 첫 번째 원칙은 존재조차 몰랐던 숨은 인맥을 찾아내는 것이기 때문이다. 이제 이 목록을 활용해서 무언가를 시작해보자.

지금 바로 시작해!

× 인맥을 활용하는 것은 부도덕한 일이 아니다. 오히려 그 반대의 경우가 훨씬 부도덕한 일이다.
× 의도적으로 인맥을 관리하지 않는 한 우리는 우리의 인간관계를 제대로 파악하지 못한다.
× 치과의사들은 말한다. "남기고 싶은 치아만 치실로 관리하세요." 인맥도 마찬가지다. 남기고 싶은 사람에게만 투자하라.

박멸조차
귀찮은 존재들

04

날 보고 짖는다고 그 개를 죽일 필요는 없다.

- 로마의 황제 티투스 베스파시아누스

강연을 다니다 보면 악수나 포옹을 할 기회가 자주 생기는데, 나와 상대방의 의도가 어긋날 때가 많다. 악수면 충분한데 포옹을 하려고 두 팔을 활짝 벌려 서로 뻘쭘하게 웃는 상황은 그나마 낫다. 가장 난처한 상황은 상대방은 포옹을 기대했는데 내가 손을 내미는 상황이다.

　한 가지 예를 더 들어보자. 이성과 데이트를 해봤다면 아마 한 번쯤은 경험이 있을 것이다. 친한 친구가 몇 년 동안 알고 지낸 여자에게 그동안 간직해온 사랑을 고백했다. 고백을 들은 여자는 마치 휴대전화 통신비를 줄이는 팁을 들은 사람처럼 이렇게 말했다. "그런 말을 해주다니 정말 고마워!"

내가 하고 싶은 말의 요지는 상대방과의 관계를 제대로 가늠하지 못하면 적절한 반응을 할 수 없다는 것이다. 다행스럽게도 우리가 다루려고 하는 경력 전환과 관련한 인간관계는 사적인 관계만큼 복잡하지 않다. 우리의 일을 둘러싼 인간관계는 기본적으로 세 가지 유형뿐이다.

적

이들은 당신의 꿈을 적극적으로 반대하는 사람이다. 적극적이라는 말은 당신의 꿈을 공공연하게 비판하고, 공격하고, 당신의 열의를 꺾어놓는 것을 의미한다. 당신 꿈을 싫어해야만 적이 아니다. 당신이 일을 하려고 마음먹었던 밤에 술을 마시게 만드는 사람도 적이다. 그들이 자신을 당신의 적이라고 생각할까? 천만의 말씀이다. 그들은 오히려 자신을 당당히 친구라고 부를 것이다. 뭐라고 부르든 결론은 똑같다. 그들은 당신이 경력을 새로 써서 이루고자 하는 목표에 어깃장을 놓고 방해한다.

친구

경력을 가꿔 한계를 돌파하려는 당신의 여정에 박수를 보내고 응원해주는 사람이다. 새로운 일자리를 구한다는 당신의 페이스북 담벼락 게시물에 '좋아요'를 눌러주는 사람이다. 휴게실에서 같이 커피를 마시는 동료다. 새로 옮긴 회사에 못된 상사는 없느냐고 묻는 사회 친구다. 회사를 그만두고 잠시 백수가 됐을 때 우리에게 문자를 보내줄 모든 사람이다. 가볍게 알고 지내는 사람부터 친한 친구까지, 당신의 인맥 중 80퍼센트 이상이 여기에 해당할 것이다.

지지자

당신이 경력을 쌓고 새로운 도전을 하는 것을 확실하게 도와주는 사람이다. 경력 전환의 부조종사다. 그들은 당신 경력의 일부가 될 여러 가지 일에 오랫동안 관심을 기울여왔다. 이 범주에 드는 사람은 흰호랑이만큼 드물지만 흰호랑이를 여럿 거느린 마술사만큼 드물지는 않다. 여기에는 배우자, 멘토, 동업자가 포함될 수 있다. 인맥의 피라미드 최상위에 위치한 이들은 그 수는 적지만 우리의 경력 관리에 가장 큰 영향을 미친다.

　당신이 일을 하며 만났던 사람 대다수가 이 세 유형 중 하나에 포함된다. 물론 아무리 고민해도 정체를 알 수 없는 사람도 있을 것이다.
　자, 이제 앞 장에서 정리했던 명단을 이 세 범주로 분류해보자. 빈 종이에 줄을 긋고 그 위에 '적', '친구', '지지자'라고 쓴다. 그런 다음 해당 분류 아래에 한 명씩 이름을 적어 넣어라. 이로써 현재의 인맥을 파악하고 분류하는 작업까지 모두 끝냈다. 이제 최악인 것부터 해결하자.

↻ 적들을 처리하는 방법

출장이 잦다 보니 여행을 하는 동안 택시 기사들과 대화를 나누는 게 취미가 됐다. 내가 TV에서 배운 게 있다면 택시 기사의 87퍼센트가 리얼리티쇼 같은 역동적인 삶을 살고 있다는 것이다. 어느 날 오후, 휴스턴호비공항에서 택시 기사 하답의 택시를 타게 됐다. 이라크에서 온 그는 지난 5년 동안 아내와 아이들과 함께 텍사스에서 살고 있었다. 이런저런 대화를 하다가 그에게 부모님을 만나러 고향에 돌아간 적이 있었는지 물었다. 그는 알카에다가 자신을 노리고 있어서 돌아갈 수 없다고 대답했다. 그건 내가 전혀 생각하지 못한 대답이었다.

하답은 바그다드에서 미국인들을 위해 잠시 통역 일을 했는데, 그 일 때문에 결국 배신자 꼬리표를 달았다. 목숨의 위협을 느낀 그는 가족들과 7년 동안 여섯 번이나 이사를 해야 했다. 마침내 미국행 비자 승인이 나자 그는 아내와 아이들을 먼저 차에 태워 공항으로 보냈다. 그는 집에서 15분을 기다렸다가 직접 차를 몰고 공항으로 향했다. 왜냐고? 이라크를 탈출하는 자신을 노리고 누군가 암살을 시도할까 봐 걱정이 됐기 때문이다. 자신은 어차피 죽을 운명이라고 해도 가족들까지 그런 운명을 맞게 할 수는 없었다.

하답의 이야기를 듣고 나는 살짝 뻘쭘해졌다. 그동안 나는 수많은 적이 나의 실패와 좌절, 몰락과 패배를 위해 부단히 노력하고 있다고 생각했다. 그러나 하답의 적에 비하면 나의 적은 한낱 조무래기에 불과했다. 당장 직장에서 우리를 죽이려고 달려드는 사람은 없을 테니 말이다. 있다면 당장 이 책은 덮고 호신술부터 연마하라.

어쩌면 당신의 적 분류에는 한 사람의 이름도 없을지 모른다. 왜냐하면 우리 뇌는 적을 되도록 떠올리지 않도록 설계됐기 때문이다. 하지만 당장은 적이라고 할 만한 사람이 없다고 해도 언젠가는 나타날지 모르니 최악의 상황을 대비해 그들을 어떻게 처리할지 생각해보자.

최소한 당신을 안심시킬 만한 희소식은 적으로 분류된 사람들은 그다지 중요한 사람들이 아니라는 사실이다. 만약 그 적들이 당신의 배우자나 친구, 가까운 가족 구성원이 아닌 한 그들에게 우리가 해줄 수 있는 최선의 대응은 '무시'다. 거리를 두는 것이다. 적들을 지지자나 친구로 돌리려는 노력은 시간 낭비다. 때로는 그 적이 가족이라고 해도 내버려두는 게 상책이다.

다시 한번 말하지만, 적은 철저히 무시해야 한다.

하지만 문제는 당연히 우리가 그렇게 하지 않으리라는 점이다. 적은 거머리 같아서 우리의 시간과 에너지를 무한정 빨아들인다. 소중한 사람에게 쏟아부어도 모자랄 귀중한 자원을 가장 적게 소모해야 할 사람에게 빼앗기는 것이다. 이것보다 더 억울한 일이 있을까?

"그만 잊고 넘어가"라는 말은 공허한 충고일 뿐이다. 적과 거리를 둬야 한다는 걸 누구나 알고 있다. 하지만 그 지혜를 행동으로 옮기는 건 쉬운 일이 아니다. 그렇다면 대체 적을 어떻게 처리하면 좋을까? 나한테 몇 가지 아이디어가 있다.

첫째, 적의 범주를 축소하라. 우리가 가장 먼저 할 일은 '적의 범주를 정확하게 정의하는 작업'이다. 다시 한번 강조하지만 적은 당신의 성공적인 경력 전환에 어깃장을 놓거나 몸값을 높이기 위한 시도를 열성적으로 방해하는 사람이다. 가령 악의로 가득 찬 심술궂은 트윗을 날린 사람이나 나 몰래 뒤에서 험담을 몇 번 했던 친구는 진정한 적이 아니다. 그들을 얼간이라고 부를 수 있을지는 몰라도 기분 나쁜 말 한마디 했다고 그들을 모두 적으로 돌리기엔 우리의 인생이 너무나 짧다.

적과 얼간이 사이에는 큰 차이가 있다. 얼간이는 누가 봐도 얼간이다. 하지만 적은 오로지 당신의 궁극적인 결말에만 관심이 있으며, 따라서 자세히 관찰하지 않으면 구별하기 쉽지 않다. 같이 일하기 힘든 동료가 있는데 다른 직원들도 당신하고 똑같이 느낀다면 그 사람은 적이 아니다. 그냥 골칫거리일 뿐이다. 그리고 지구에는 어딜 가나 그런 짜증나는 인간들이 있다(당신만큼은 예외라고 생각하지 않기를 바란다). 그들에게 '적'이라는 꼬리표를 달면 우리만 더 힘들어진다. 적이라고 생각하는 사람과 업무적인 문제를 원만하게 풀어가기란 불가능하기 때문이다.

회사에는 약삭빠르고 비겁한 상사가 득실거리지만 그들 모두가 정말 당신의 적일까? 분명 그들은 이기적이고 자기 출세밖에 모르겠지만 그것이 반드시 당신의 몰락을 앞당긴다는 의미는 아니다. 당신이 내린 적의 정의가 너무 광범위해서 '나를 한 번이라도 성가시게 한 인간'이라는 뜻이라면 아마 당신의 직장은 끔찍한 지옥이 될 것이다. 옆에도, 뒤에도, 앞에도 모두 적으로 가득할 테니 직장이 싫어지는 것은 당연하다. 하지만 솔직해지자. 직장이 정말 적의 소굴인가? 당신이 온 세상을 적으로 비추는 고글을 쓴 것은 아닌가?

둘째, 습관적으로 적을 찾지 마라. 우리가 적을 좋아하는 이유는 하나다. 그들이 우리 내면에 숨겨진 두려움을 확인시켜주기 때문이다. 본격적으로 경력을 관리하고 나의 값어치를 높이려고 마음먹었다면 약간의 의심이 들기 마련이다. '내가 정말 잘할 수 있을까?', '그냥 가만히 있는 게 더 낫지 않을까?', '그냥 원래대로 돌아가고 싶어!' 누가 손가락질을 한 것도 아닌데 괜히 창피하고 남들의 시선이 따갑다. 그러는 사이에 나의 두려움을 증명해줄 누군가가 나타나주길 바라는 마음이 슬그머니 고개를 쳐든다. 나를 괴롭히는 사람이 나타나면 그 사람 핑계를 대고 이 두렵고 막막한 상황으로부터 도망칠 수 있기 때문이다. 이제 더 이상 힘든 일을 하지 않아도 된다. 그런 '악역'이 주변에 있다는 사실에 안도감마저 든다.

기회를 놓칠 리 없는 두려움이 속삭인다. "거 봐! 저 사람도 네가 못 할 거라고 생각하잖아. 너만 그렇게 생각하는 게 아니었어. 그러니까 당장 관둬!" 두려움이 속삭이는 순간 당신은 방아쇠에 손가락을 집어넣을 것이다. 아서라. 총은 내려놔라. 이제 적은 그만 찾아라.

셋째, 온라인에서의 일은 잊어버려라. 누군가 당신을 비난했다면 아마 온라인에서 그랬을 가능성이 높다. 알지도 못하는 사람이 당신에 대해 부정적으로 언급하다니. 처음에는 그 사람의 지적에 기분이 몹시 상할 것이다. 하지만 생각해보니 일리가 있는 것 같기도 하다. 한번 그런 일을 겪고 나면 그 비난과 연루된 어떤 일을 하려고 할 때마다 괜히 망설여지고 그 사람 말이 계속 떠오른다. 그게 인터넷의 힘이다. 하지만 현실에서 그 사람이 당당하게 당신 자리로 찾아와 온라인에서 했던 말을 똑같이 한다고 상상해보자. 당신은 아마 이렇게 말하며 웃어넘길 것이다.

"저 인간은 뭔데 내 인생에 이러쿵저러쿵 참견이야? 제대로 알지도 못하면서."

문제는 우리가 SNS에서 일어나는 일에 지나치게 민감하게 반응한다는 사실이다. 더 큰 문제는 그러한 비이성적 비난에 대해 현실에서처럼 의연하게 대처하지 못한다는 사실이다.

당신이 페이스북에 어떤 글을 올렸는데 얼굴도 모르는 사람이 당신 삶 전체를 비난하는 댓글을 남겼다면? 이는 어쩌다 차를 타고 당신 집 옆을 지나가던 사람이 차 안에서 이렇게 외치는 것과 다름없다.

"마당 꼴 좀 봐. 끔찍해서 못 봐주겠네! 당신 마음도 똑같을 걸!"

당신은 그 사람 말을 귀담아듣지 않을 것이다. 아니, 오히려 이렇게 생각할 것이다. '와, 완전 정신병자 아냐? 알지도 못하는 사람한테 누가 저런 돼먹지 못한 소릴 지껄여!'

그들은 우리와 아무 관련이 없는 사람들이다. 현실을 직시하라. 온라인의 악플은 금세 사라진다.

↻ 당신의 성공이 배 아픈 사람들

우리는 두 가지 성과를 거뒀다. 첫째, 적의 수를 상당히 줄였다. 둘째, 온라인의 적을 현실에서 만나면 무시할 수 있게 됐다.

이제 현실의 적이 남았다. 친구나 동료 혹은 가족이 당신의 경력 전환에 적극적으로 반발하고 나서면 어떻게 해야 할까? 일단 그 적이 몰라서 그러는 것인지 아니면 못된 꿍꿍이가 있어서 그러는 것인지 파악해야 한다.

몰라서 그러는 적은 당신이 실패하거나 포기하는 길로 들어서도록 부추기긴 하지만 악의가 있어서 그러는 게 아니다. 당신의 성공을 근본적으로 부정하는 게 아니라 그저 당신에게 영향을 미치고 싶은 거다. 이런 사람들은 의도치 않게 당신의 경력 전환에 심각한 피해를 입힐 수 있다.

『어떻게 바꿀 것인가』의 공동 저자들이 지적한 것이 바로 이 지점이다. 그들은 이렇게 말한다.

"나쁜 습관은 사회적 질병이다. 주위 사람들이 나쁜 습관의 모델이되어 그 습관을 부추기면 우리는 언제나 그들의 먹잇감이 된다. '공범자'를 '친구'로 바꿔라. 그러면 성공 가능성이 3분의 2 이상 높아질것이다."

적으로 돌리기에도 애매하고 그렇다고 같은 편이라고 보기엔 더이상한 이 '공범자'를 친구로 바꾸는 가장 빠르고 쉬운 방법은 이들에게 당신이 무엇을 위해 노력하고 있는지 이야기하는 것이다. 우리가 우리의 삶을 바꾸기 위해 어떤 노력을 하고 있는지 들려주는 것이다. 여기서 절대 잊지 말아야 할 것이 있다. 그 사람을 비난하는 대신 당신이 무엇을 위해 노력하고 있고 그러기 위해 그 사람의 도움이 얼마나 절실한지 솔직히 고백하자. 그러면 대다수는 이렇게 대답할 것이다. "그런 식으로 당신을 곤란하게 만들고 있는지 전혀 몰랐어요. 나도 돕고 싶어요."

당신의 솔직한 고백에도 불구하고 마뜩잖게 반응하는 사람도 있을 것이다. 그들은 예전의 당신이 좋았다. 그래서 당신이 달라지는 게 싫고 그 과정에서 자신이 소외되는 것이 두려웠다. 왜 그럴까? 당신은 변하고 있는데 자신은 그렇지 않다는 사실에 화가 나서 그런 것이다. 나는 이 사실을 딸과 마트에 갔다가 깨달았다.

나는 쇼핑을 마치고 가게에서 나와 주차장에 들어서자마자 카트에 올라탔다. 왜냐고? 재밌으니까. 손잡이를 잡고 발을 허공에 띄워 앞으로 죽 미끄러졌다. 그 순간 열 살짜리 딸이 외쳤다.

"아빠, 그만해! 질투 나잖아!"

나는 그 말이 흥미로웠다. "조심해"도 아니고 "그러면 안 돼"도 아니었다. 딸은 "질투 나잖아!"라고 외쳤다.

거기에는 아주 단순한 진실이 숨어 있다. 때로 당신의 적은 당신이 싫어서 당신에게 화를 내는 게 아니다. 질투가 나서 화를 내는 것이다.

주차장에서 신나게 카트를 타고 달리며 머리칼에 나부끼는 바람을 만끽하는 사람이 바로 자기였으면 하는 거다. 그 강연을 한 사람이, 그 사업을 시작한 사람이, 새로운 수입원을 찾아낸 사람이, 상사와 동료에게 전폭적인 지지를 받는 사람이 자신이기를 바라는 것이다.

하지만 이유가 무엇이든 그들은 그런 심보를 드러내지 않는다. 그렇다고 열 살짜리 꼬마도 아는 진실을 입 밖에 내기에는 체면이 서지 않는다. 얄량한 자존심으로 꽉 찬 어른이 되어버렸다. 그래서 당신에게 안 될 거라고, 좀 더 현실적으로 생각하라고, 당신 혼자 그렇게 치고 나가는 것은 이기적인 행동이라고 말하는 것이다. 이것 말고도 질투심을 감추는 방법은 무수히 많다.

그러니까 다음에 당신의 꿈을 적극적으로 방해하는 적을 만나면 사실 그 적은 속으로 이렇게 외치고 있다는 걸 명심하라. "꿈을 좇지 마. 질투 나잖아!"

그리고 우리가 그들에게 줄 수 있는 유일한 선물을 줘라. 바로 '거리' 말이다.

⟳ 바닷가재들과 어울리지 마라

북대서양에 접한 항구도시 록포트에서 여행객들이 가장 선호하는 볼거리는 바다까지 길게 이어지는 상점과 아트 갤러리가 모여 있는 아름다운 거리다. 바다를 끼고 'U' 자 모양을 한 이 거리 한편에는 범선과 바닷가재잡이 어부들의 배가 줄지어 늘어서 있다. 어느 날, 나는 이 길을 따라 거닐다가 항구 옆 어느 상점 뒤에 빽빽하게 쌓여 있는 알록달록한 낡은 바닷가재 통발 더미를 발견했다. 통발을 처음 본 건

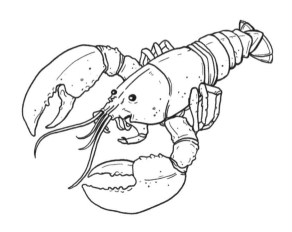

아니었지만 이번에는 다른 점이 있었다. 바로 새였다.

새들이 낡아빠진 통발을 하나씩 차지하고 그 안에 둥지를 틀고 있었다.

참새 수십 마리가 지푸라기를 물고 부산스럽게 통발을 들락거렸다. 일종의 새집 건설 현장을 목격한 것 같아 흥미진진했다. 그 지역 자재를 이용해 전혀 뜻밖의 공간에 집을 짓고 있는 이 새들이야말로 진정한 힙스터가 아닐까.

만약 바닷가재한테 통발이 집을 짓기 좋은 장소냐고 물으면 틀림없이 아니라고 대답할 것이다. 바닷가재에게 통발은 죽음을 의미한다. 통발에 들어가는 것은 바닷가재가 내릴 수 있는 최후의 결정이다. 바닷가재의 삶은 온통 통발을 피하는 데 초점이 맞춰져 있다.

반대로 새에게 통발은 완벽한 안식처였다. 탁 트인 공간에 바람이 잘 통하면서도 고양이들에게서 새끼 새와 알을 보호할 수 있다. 통발

이야말로 튼튼하고 안전하며 드나들기 쉬운 최적의 장소였다. 바닷가재에게는 '감옥'인 통발이 새에게는 '집'이었다.

자신의 질긴 생을 이어가기 위해 고군분투하는 바닷가재를 욕하고 싶은 생각은 없다. 다만 지금 당신 인생에 몇 마리 섞여 있는 바닷가재들을 지적하고자 이 이야기를 꺼낸 것뿐이다.

우리가 아는 모든 일터에는 일 자체를 싫어하기로 작정한 바닷가재 같은 사람들이 있다. 나도 한때는 바닷가재였다. 새로운 일이 떨어지면 일단 불평부터 하며, 모든 사람을 적으로 돌리고, 주변의 모두가 나와 똑같이 괴로운 직장생활을 경험하도록 독려하는 바닷가재. 내게 일은 무조건 피해야 하는 '통발'이었다.

부끄러운 고백을 하겠다. 신입사원 한 명을 데리고 점심을 먹으러 갔다. 그는 새 직장에 대한 기대로 한껏 부풀어 있었다. 그런데 나는 그가 맡은 업무가 얼마나 끔찍한 일인지 모든 방법을 동원해 설명했다. 씩씩하게 펼쳐진 그의 날개가 처참하게 꺾이길 간절히 바랐다. 바로 나처럼.

고통은 친구를 좋아한다. 그런 친구들이 모이면 고통의 크기는 이전과 비교할 수 없을 정도로 거대해진다. 지금 당신에게도 같이 점심을 먹으러 다니는, 남 이야기를 좋아하고 냉소적인 바닷가재들이 있을 것이다. 바닷가재와 어울리는 건 재밌지만 경력을 새롭게 쓰고자 하는 사람에게는 죽음을 의미한다. 그들 곁에 머무르는 한 당신의 몸값은 늘 그대로일 것이다.

↻ 우리의 월급은 상사를 견디는 대가다

어느 조직에 가도 나쁜 상사는 반드시 있다. 직장생활을 1년 이상 해본 사람이라면 다 아는 이야기다. 나쁜 상사가 없는 조직을 찾아 헤매는 건 가시가 없는 생선을 먹겠다는 다짐과 다를 바 없다. 그들은 우리가 월급을 받는 일터의 고유한 조건 중 하나다. 따라서 그런 상사를 피해 안전한 곳으로 피신하려는 시도는 그다지 현명하지도 합리적이지도 못한 생각이다.

만약 상사가 적으로 밝혀진다면 너무 놀라지 말고 다음과 같이 대처하자.

첫째, 상사와의 관계가 근무 성과에 따라 개선될 여지가 있는지 확인하라. 사람의 성격과 성향을 변화시킬 수는 없지만 업무 관계에서는 성과가 그 관계에 영향을 미치기도 한다. 당신이 일을 더 잘해서 악몽 같은 상사의 인생을 좀 편하게 만들어주면 악몽 같은 상사가 좀 덜 악몽 같아질 수도 있다. 태도를 선택하고 기대치를 조정한 다음 기술을 연마하고 추진력을 발휘해 상사와의 관계가 순탄해지는지 확인해보자.

둘째, 우리가 빌어먹을 피고용인이라는 사실을 인정하자. 상사 욕을 하는 사람이 정말 하고 싶은 말은 이거다. "자기가 뭔데 나한테 일을 하라 마라야?" 나는 그런 사람들에게 이렇게 조언한다. "그 사람은 당신 상사예요. 당신한테 일을 시키려고 돈을 주는 사람이죠. 직장은 원래 그런 곳이에요."

상사가 마음대로 당신의 근무시간을 바꾼다. 왜? 자기가 좀 더 편한 시간에 근무를 하기 위해서다. 그게 공평한 일인가? 재미있는 일인가? 옳은 일인가? 아니다. 하지만 피고용인으로서 어쩔 수 없는 일이기도 하다. 당신에게는 절망스럽겠지만 일단 이 현실을 인정하고 세 번째 플랜으로 넘어가자.

셋째, 절망을 활활 태워 연료로 승화시켜라. 세상의 모든 나쁜 상사가 정말 하고 싶은 말은 이거다.

"어디 더 나은 데 있으면 가보시지!"

그렇게 해줘라. 욕이나 불평은 잊어라. 그런 건 아무 도움도 안 된다. 상사가 당신만 남겨두고 팀원들과 식사를 하러 가거나, 고의적으로 보고서에서 당신의 이름을 삭제하는 식으로 저열하게 나온다면 당신 역시 적절히 맞대응하면 된다.

만약 당신의 팀장이 "이번 프로젝트는 너무나 중요해서 당분간 점심은 밖에서 먹지 말고 간단히 사무실에서 때우게나"라고 말한다면, 당신은 이렇게 해석하면 된다.

"조용한 사무실에서 구직 사이트를 보며 더 좋은 일자리를 알아보게." 좋다, 그렇게 해줘라.

지금 바로 시작해!

× '적'의 의미를 정직하게 정의하라. 쓸데없이 많은 사람에게 적이라는 꼬리표를 다는 짓을 멈춰라. 범위를 최소화해 진짜 대응해야 할 적에 집중하라.

× 두려움은 당신이 더 나은 곳으로 도약할 깜냥이 안 된다고 속삭일 것이다. 그리고 적들은 공포에 질린 당신에게 현실에 안주할 명분을 제공할 것이다. 속지 마라. 당신은 지금보다 더 나아질 수 있다.

× 적들은 사실 당신에게 이렇게 외치는 거다. "꿈을 좇지 마. 질투 나잖아!"

힘들면 도움을 요청해, 큰 목소리로

당신보다 나은 사람과 어울리면 어느새 당신도 그런 사람이 되어가고 있을 것이다.

- 미국의 투자가 워런 버핏

당신에게 함께 울어줄 친구가 있으면 좋겠다. 어떤 상황에서도 당신을 이해해주고, 청바지를 바꿔 입고, 마음에 드는 이성이 생기면 허물없이 고민을 나누고, 대수롭지 않게 "자, 내 콩팥을 받아"라고 말해주는 의형제 같은 친구. 일주일 중에서 절반 이상을 하루 8시간 넘게 일하는 당신에게 그런 친구가 있다는 건 축복이다. 하지만 적어도 경력 관리의 세계에선 당신을 구하기 위해 수류탄 위로 몸을 던질 정도로 절친한 벗까진 필요 없다. 우리가 찾아야 할 사람은 우리의 이력서를 함께 공유할 수 있는 사람이다. 그 정도면 충분하다.

나는 한때 탄탄한 경력을 쌓으려면 탄탄한 우정이 있어야 한다고 생각했다. 하와이 출신 가수 베트 미들러Bette Midler가 1988년 발표한 사운드 트랙 「두 여인Beaches」의 노랫말 "내 날개 밑에 부는 바람Wind beneath my wings"처럼 나를 더 높은 곳으로 데려다줄 탁월한 친구. 내게 정말 그런 친구가 있을까?

브래넌 골든: 내 첫 책 편집자. 가벼운 우정.

베스 코베트: 첫 책의 원고를 정리해준 사람. 여섯 달 동안 같이 일함. 가벼운 우정.

사나 캘러헌: 마지막 퇴사 후 내 블로그를 만들어준 사람. 한 번 만남. 가벼운 우정.

앤디 트라웁: 주로 인터넷상에서 알고 지낸 사이. 퇴사 후 나의 재기를 도와준 사람. 가벼운 우정.

손 행크스: 1년 동안 못 만났음. 직장을 그만둔 뒤에 내가 강연자로 나설 수 있게 도와준 사람. 가벼운 우정.

직장을 옮기고 직업을 바꾸는 동안 내 옆에 있어준 평생지기들을 생각하면 마음이 훈훈해진다. 하지만 그 친구들도 처음에는 가벼운 관계로 시작했다. 가벼운 관계가 얄팍한 관계를 의미하는 것은 아니다. 내 예전 동료였던 빌리와의 관계가 좋은 예다.

우린 1999년에 약 1년 정도 같은 회사에 근무했다. 내가 회사를 그만두며 그와 헤어진 뒤 9년 동안 한 번 만난 게 전부다. 그러다가 2010년에 내가 그에게 좋은 일자리를 소개했다. 왜냐고? 옆에 없으니까 마음이 더 애틋해져서? 아니다. 나는 그가 훌륭한 작가임을 알았고 마침 그 회사에 좋은 작가가 필요하다는 것도 알고 있었기 때문이다.

가벼운 우정은 중요하다. 우리의 경력을 관리하는 일에는 특히 더 그렇다. 물론 마음을 터놓고 지내는 친구도 필요하다. 그런 친구가 있다는 건 정말 멋진 일이다. 피 한 방울 섞이지 않은 친구를 위해 콩팥을 내줄 수 있는 관계! 하지만 적어도 경력 관리에서만큼은 당신의 주변에 가벼운 우정을 나누는 친구들이 폭넓게 포진해 있으면 좋겠다.

↻ 뿌린 대로 거둔다

우리의 몸값을 높이는 데 중요한 역할을 해줄 사람이 누구인지 아는가? 그건 바로 당신이 몇 년 동안 잊고 지낸 그 사람이다. 술자리에서 잠시 스친 상사의 옛 동료이거나 남동생의 친구이거나 독서 모임에서 몇 번 인사를 나눈 회원이다. 당신은 그들의 도움으로 더 나은 일자리를 얻을 것이다. 아직 그런 일이 안 일어났다면 앞으로 그렇게될 것이다. 그리고 그 시점이 앞당겨지기를 원한다면 '부메랑'을 가능한 한 많이 던져 놓아야 한다.

그들은 당신과 관계가 끊어진 것이 아니라 단지 한동안 멀리 떨어져 있었을 뿐이다. 휴대전화를 들어 주소록을 뒤질 의지만 있다면, 메신저 친구 목록에서 그들의 프로필을 누를 마음만 먹는다면 우리는 언제든지 그들과 다시 '연결'될 수 있다. 등을 돌릴 만큼 서로에게 감정이 상한 것도 아니고, 그렇다고 다시 만난 그들과 헤어지는 게 슬퍼서 송별회를 열 사이도 아니다. 그들과 당신은 그저 가는 길이 다를 뿐이다.

나의 가장 큰 고객 레지 조이너Reggie Joiner가 바로 그런 사람이다. 그는 세계에서 가장 영향력이 큰 사역자이자 베스트셀러 저자이기도 하다. 나는 2004년에 그의 회사에 지원했다. 부메랑을 던진 것이다. 아무 일도 없었다. 몇 년 뒤 레지 조이너와 내가 둘 다 아는 친구를 통해 그의 회사에 글을 몇 편 보냈다. 다시 부메랑을 던진 건데 아무 일도 없었다. 몇 년이 지나 어떤 행사장 무대 뒤에서 그를 마주쳤다. 그리고 다시 몇 년 뒤 그가 주최한 행사에서 내가 강연을 했다. 그날 우리는 같이 점심을 먹고 커피를 마셨다. 그는 내가 마지막 회사를 그만둔 뒤 어려움에 처했을 때 내게 먼저 연락을 했고 그 시기를 잘 헤쳐나가도록 나를 도와주었다. 우리는 그해 세 번 만났다.

콩팥을 주고받을 정도로 친해지기 위해선 일단 가벼운 관계에서 출발해야 한다. 그런데도 이 사실이 안 중요한가? 이것이 친밀함을 쌓는 모든 과정의 단 하나의 공통점인데도? 왜 당신은 가볍게 알고 지내는 시기를 거치지 않고 곧장 친해질 수 있다고 생각하는가? 왜

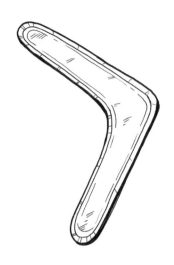

당신은 요즘처럼 가벼운 관계를 맺을 수 있는 방법이 넘쳐나는 시대에 살면서 부메랑을 던지지 않는가?

사람들은 페이스북, 트위터, 카카오톡 같은 SNS 때문에 우정의 깊이가 얕아진다고 탄식한다. 틀린 말은 아니지만, 부메랑을 던지기에는 지금처럼 유리한 시대가 없다. 내 인생에는 레지와의 관계처럼 가볍게 시작해 서로 도움을 주고받았던 사람이 꽤 많다. 그들과 다시 연락이 닿았고, 함께 점심을 먹었고, 서로의 일에 대해 이야기했다. 그뿐이다. 부메랑, 부메랑, 부메랑. 당장 그들이 내 고객이 되는 것은 아니다. 부메랑 던지기가 재미있는 것은 그것이 언제 돌아올지 전혀 예측할 수 없다는 점이다. 하지만 아예 던지지 않으면 돌아올 부메랑이 없다는 것만은 확실하다.

당신이 도움을 필요로 한다는 사실을 모르면 그들은 당신을 도울 수 없다. 도움을 청하는 게 싫다고? 나도 싫다. 애초에 도움을 청할 일이 안 생기면 좋겠다. 만약에 내가 아르마딜로(공격을 받으면 몸을 동그랗게 말아 단단한 등딱지로 자신을 보호하는 포유류 - 옮긴이)처럼 몸을 동그랗게 말아 단단한 갑주로 스스로를 보호할 수 있다면, 그래서 어느 누구의 도움 없이도 포식자들에게서 내 경력을 거뜬히 지켜낼 수 있다면 당연히 그렇게 할 것이다. 하지만 그건 불가능하다. 당신도 마찬가지다.

우리는 남에게 도움을 청하는 것이 자신의 부족함을 인정하는 꼴이라고 생각한다. 친구들이 올린 멀끔한 인스타그램 피드, 페이스북 담벼락을 자신의 엉망진창인 현실과 비교하며 온갖 박탈감에 빠지고 결핍을 느낀다. 그때마다 높은 벽을 쌓고선 타인의 손길을 외면한다. 나를 뺀 모두가 혼자서 척척 일을 해낸다고 생각하기 때문에 우리는 언제나 가면을 쓰고 멀쩡한 척 연기한다.

'나도 혼자서 해낼 수 있다고!'

하지만 성공한 사람들의 삶을 뒤적여 보면 그들이 결코 모든 것을 혼자 해내지 않았다는 사실을 깨닫게 될 것이다. 스타 쿼터백에게는 라인맨이 있다. 아이폰은 스티브 잡스Steve Jobs 혼자 만든 게 아니다. 「오프라 윈프리 쇼」는 오프라 윈프리Oprah Winfrey만의 것이 아니다.

누구나 다른 사람의 도움이 필요하다. 그들이 우리를 도울 수 있는 유일한 방법은 우리가 그들에게 정보를 제공하는 것뿐이다. 당신에 관한 모든 낯 뜨겁고 민망한 정보를 주라는 게 아니다. 그들에게 그저 당신이 처한 '진실'을 말하고 그들의 이야기를 들어보라는 것이다.

조직에서 자신의 가치를 더 높여 더 좋은 곳으로 도약하고 싶다면 그것을 말하라. 새 직장을 구한다면 그것을 말하라. 어떤 사람과 연결 시켜줄 사람이 필요하다면 그것을 말하라. 말하지 않으면 모른다. 당신의 친구들은 독심술사가 아니다.

카를로스 휘태커Carlos Whittaker는 음악가로 활동하며 수년간 미국 전역에서 여러 사람과 인연을 맺었다. 행사장을 다니며 수백 번을 노래하고 연주했다. 하지만 결국 그는 자기가 진짜 하고 싶은 일이 노래가 아니라 강연이라는 것을 깨달았다. 문제는 그를 아는 모든 사람이 그를 가수로 알고 있다는 거였다. 당연히 아무도 그에게 강연을 요청하지 않았다. 내가 물었다. "카를로스, 지금 당신이 강연에 집중하고 싶다는 걸 친구들에게 말했나요?" 그는 아니라고 대답했다. 그래서 다시 물었다. "그럼 친구들이 당신이 지금 뭘 하고 싶은지 어떻게 알죠?" 그는 자신이 새로운 경력을 쓰기 원한다는 내용을 간략히 작성해 주변 친구들에게 이메일로 보냈다. 이제야 그의 일정표가 제대로 된 기회로 채워지기 시작했다.

새로운 꿈을 좇든 승진을 목표로 달리든 계획을 수립하는 것은 좋은 일이다. 하지만 당신이 주변에 도움을 구하지 않는 한 그들이 당신의 바람을 저절로 알 리 없다. (그나저나 아직도 도와달라고 말 안 했나?)

↻ 일단 작게 시작해서 크게 키워라

만약 당신 삶에 더 많은 부메랑이 되돌아오길 원한다면 거창한 계획을 세울 필요는 없다. 그냥 작은 테이블 하나만 있으면 된다.

댈러스에 사는 사라의 이야기를 해보자. 그녀는 댈러스로 이사를 왔지만 그곳에 아는 사람이 거의 없었다. 그래서 뒤뜰에 스무 명이 앉을 수 있는 테이블을 놓았다. 그녀는 우선 이웃들을 알고 싶었다. 그래서 저녁 식사에 초대했다. 이웃 전부를. 그 시점에 그녀가 아는 사람은 둘뿐이었고 예상할 수 있는 최악의 상황이라고 해봐야 저녁 식사에 아무도 나타나지 않는 것이었다. 그녀는 집집마다 다니며 우편함에 초대장을 넣었다. 음식은 각자 준비해서 가져와달라는 부탁도 함께 적었다. 그녀는 몇 사람쯤은 와주지 않을까 기대했다. 그날 밤 그녀의 마당에 모인 사람은 91명이었다.

그녀는 하나의 사실을 깨달았다. 당신도 조금만 용기를 내면 알게 될 것이다. 사람들은 누구나 커뮤니티를 간절히 원한다는 것을. 심지어 나처럼 내향적인 사람도.

최근 들어 커뮤니티의 몸값은 꽤 높아졌다. 누구나 커뮤니티에 모여 소속감을 느끼고 싶어 하지만 정작 그러한 커뮤니티를 만드는 사람은 없다. 사람들은 남들이 어떻게 사는지 궁금해 하지만 SNS를 제외하곤 현실 속 타인의 삶을 들여다보려 하지 않는다. 하지만 사람들은 관계에 굶주려 있다. 내색하지 않을 뿐이다. 그래서 누군가가 어색함을 무릅쓰고 부메랑을 던지는 용기를 발휘하면 이상한 일이 벌어진다. 부메랑이 몇 개씩 나타나는 것이다. 아니 사라처럼 1500개가 될 수도 있다. 1500이라는 숫자는 2012년 이후 그녀의 뒤뜰에서 저녁 식사를 한 사람들을 다 합친 숫자다.

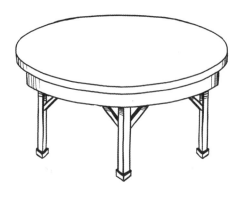

　사라가 사람들을 초대하는 방법은 간단하다. 회사나 동네에서 마주친 낯선 사람이 그녀에게 먼저 어떤 일을 하느냐고 물어보면 이렇게 대답하는 것이다. "전 '이웃들의 테이블'이라는 걸 해요. 그 일이 정말 좋아요." 이게 다. 레드카펫, 리무진, VIP 수행비서, 손님 리스트 같은 건 없다. 그냥 커다란 테이블에 둘러앉아 새로운 친구를 사귀고 새로운 우정을 만드는 거다.

　꼭 스무 명이 앉을 수 있는 커다란 테이블이 있어야 하는 것도 아니다. 우리에게는 우리만의 테이블이 필요하다. 그 테이블은 같은 분야에서 일하는 몇몇 사람이 둘러앉을 거실의 작은 테이블이 될 수도 있고, 점심시간 휴게실이 될 수도 있으며, 아직 서먹한 동료와 같이 먹는 샌드위치가 될 수도 있다. 당신의 업무와 관련된 강연이 열리는 프레스센터의 대회의장이 될 수도 있다. 테이블의 형태는 무수히 많겠지만 한 가지 공통점이 있다. 테이블을 중심으로 커뮤니티가 형성된다는 점이다. 부메랑은 그 테이블 맞은편에서 커다란 원을 그리며 당신에게 돌아올 것이다.

좀 더 의도적으로 가벼운 관계를 맺을 수도 있다. 물론 갑자기 자리에서 벌떡 일어나 '저 사람하고 친구가 되어야겠다'고 마음먹고 그 사람에게 간다고 해서 그 즉시 친구가 될 수는 없다. 나는 늘 일과 관련해서 맺은 우정을 저 멀리 어느 들판에서 자유롭게 자란 황새가 기적 같이 내게 물어다주는 조개껍질 같은 것이라고 생각한다. 어느 날 고개를 들었더니 코딩을 끝내주게 잘 다루는 녀석이 미키마우스가 그려진 티셔츠를 입고 내 앞에 딱 서 있는 거다. 친구다! 우정이다!

직장에서 우연히 만난 동료가 시간이 지나면서 좋은 친구가 되는 경우가 있다. 하지만 그보다는 당신이 친구가 되고 싶은 사람을 선택하는 게 훨씬 빠르다. 피곤하고 골치 아프다고? 당연하다. 인간관계를 맺는 일, 특히 사람을 새로 사귀는 일은 원래 다 그렇다. 벌써부터 겁을 먹고 이 페이지를 통째로 뛰어넘으려는 당신에게 팁을 하나 주겠다.

당신은 어떤 사람을 친구로 만들고 싶은가? 사람들과 잘 어울리지 않는 내향적인 사람? 언젠가 내 경력에 도움이 될 것 같은 사람? 영어를 기가 막히게 잘하는 사람? 내가 참고하는 유일한 기준은 '알고 지내면 재밌을 것 같은 사람'이다. 인간관계는 자로 딱 잰 듯 설계할 수 있는 건축물이 아니다. 언젠가 이 사람과 같은 프로젝트를 하게 될까? 그럴 수도 있고 아닐 수도 있다. 내가 회사를 이직할 때 이 사람이 결정적인 도움을 줄까? 그럴 수도 있고 아닐 수도 있다. 친구를 사귀기 전부터 어떤 구체적인 목적을 염두에 두면 우리는 금세 나가 떨어질 것이다. 왜냐하면 우리의 의도는 99퍼센트 이상 어긋날 것이기 때문이다. 그래서 나는 그냥 함께 있으면 재미있을 것 같은 사람을 찾는다.

지금 당신에게 가장 도움이 되는 사람과의 관계도 세상을 발칵 뒤집어 놓을 원대한 계획 아래 출발한 것이 아니었다. 그냥 그 사람하고 놀면 재미있고 마음이 편해서 어울린 것뿐이다. 최악의 경우 새로 사귄 친구에게 얻을 게 아무것도 없을 수 있다. 하지만 앞으로 수많은 주말을 그들과 함께 신나게 보낼 수 있다면 그 자체로 남는 장사 아닌가?

↻ 누군가의 첫 번째 응답자가 되어라

전화를 걸 때마다 한 번에 받지 않는 친구가 있나? 그 친구가 당신을 완전히 무시하는 건 아니다. 부재중 전화를 보고 다시 전화를 걸기는 한다. 단, 자기 편할 때.

직장에서 새로 사귄 동료와의 친분을 가벼운 우정 이상의 것으로 발전시키고 싶다면 그 사람에게 '제일 먼저 응답하는 사람'이 되어야 한다. 이메일을 며칠씩 묵히지 마라. 음성메일이 계속 쌓이게 놔두지 마라. 당신이 틀어박혀 있는 좁은 방을 뚫고 들어가기 위해 주변 사람들이 온갖 형태의 수단을 동원하게 만들지 마라. 당신은 그들의 시간과 노력을 빼앗을 권리가 없다.

사람들은 "내 이메일 받았어요?"라고 묻는 걸 싫어한다. 그리고 상대방에게 "네, 받았는데 무시했어요"라는 대답을 듣는 것은 더 싫어한다. 아니, 증오한다. 당신이 한 번에 전화를 받지 않고, 하루 안에 이메일을 확인하지 않는다면 사람들은 당신이 매우 세련된 방식으로 자신을 무시하고 있다고 생각할 것이다. 억울하겠지만 그게 진실이다. 그러니 벨이 울리면 곧바로 전화를 받아라. 첫 이메일에 답장하라.

이런 것들은 단순한 의사소통 수단이 아니라 다른 사람들이 당신에게 던진 부메랑이다. 당신이 던진 부메랑이 더 많이 돌아오기를 바라는가? 그러면 당신을 향해 날아온 부메랑을 더 많이 돌려보내라. 이기적인 태도로는 결코 끈끈한 우정을 맺을 수 없다. 상대방의 친절을 얻는 방법은 단 한 가지다. 내가 먼저 상냥하게 미소 짓는 것이다.

한때 나는 일을 하다가 잠깐 쉴 때마다 회사 근처의 카페에서 친구들을 만나곤 했다. 그곳을 약속 장소로 정한 이유는 상사가 나를 찾으면 5분 안에 뛰어갈 수 있을뿐더러, 눈 감고도 주차할 수 있을 정도로 그곳 주차장을 훤히 꿰고 있었기 때문이다. 한마디로 나는 친구들이 아니라 내가 편해서 그 카페를 아지트로 삼았던 것이다.

친구가 되고 싶은 동료가 점심 때 엄청나게 느끼한 파스타를 먹자고 하면 거절하지 말고 그 식당에 가라. 누군가 당신에게 상자 접는 작업을 도와달라고 부탁하면 가서 도와라. 수고를 아끼지 마라. 그리고 그 모든 일을 기분 좋게, 상냥하게 끝마쳐라.

지금 바로 시작해!

- × 당신이 손에 쥐고 있는 부메랑을 최대한 많이 던져라.
- × 경력에 도움이 필요하면, 당당하게 도움을 구하라. 절대 부끄러운 일이 아니다. 오히려 당신의 처지를 숨기고 도움을 외면하는 것이 진짜 부끄러운 짓이다.
- × 누구나 커뮤니티를 찾고 있다. 당신만의 테이블을 찾아서 커뮤니티를 시작하라.
- × 누군가와 더 좋은 친구가 되고 싶은가? 제일 먼저 응답하라. 제일 먼저 가서 도와라. 관계 맺기를 마음먹었으면 그것에 따르는 수고를 아끼지 마라.

06 정답을 물어보는 건 부끄러운 게 아니야

사람들이 당신에게 하는 충고는 사실 그들이 과거에 자신에게 했던 이야기들이다.

- 미국의 만화가 스티브 가르길로

친구는 당신과 시간을 같이 보내는 사람이다. 지지자는 당신의 경력을 함께 만들어가는 사람이다. 모든 지지자는 친구이지만 모든 친구가 지지자인 것은 아니다. 함께 여행을 가거나 게임을 할 친구는 많겠지만 일에 관한 조언을 구할 수 있는 친구는 드물다.

아버지와 나는 우리 집 마당에 있는 나무를 전기톱으로 베며 즐거운 한때를 보내곤 했지만, 당신 꿈이 벌목꾼이라면 나나 아버지에게 지지자가 되어달라는 부탁은 하지 않을 것이다.

당신의 훌륭한 지지자는 동업자일 수도 있고, 대학생 시절 룸메이트나 예전 직장 상사, 배우자가 될 수도 있다. 하지만 이들에게는 반드시 갖춰야 할 세 가지 요건이 있다.

첫째, 용기가 있어야 한다. 친구들에게 박수갈채를 받는 건 기분 좋은 일이다. 하지만 우리 인생에는 치어리더만 필요한 것이 아니다. 진실을 이야기해줄 용기 있는 사람이 필요하다. 지지자가 필요하다. 당신의 경력을 망치는 가장 좋은 방법은 당신을 비판하지 못하는 사람들에 둘러싸여 있는 것이다. 당신의 판단이 잘못되었을 때 눈치 따위 보지 않고 할 말을 하는 사람을 옆에 둬라.

둘째, 존경할 만한 사람이어야 한다. 당신이 존경하지 않는 지지자는 지지자가 아니다. 우리는 존경하지 않는 사람의 조언은 아무리 귀중한 조언이라고 해도 무시하는 경향이 있다. 그들이 듣기 싫은 소리를 하면 콧방귀로 받아친다. "자기가 뭘 안다고 그래? 내 수준도 안 되면서." 그러니까 모든 면에서 당신보다 나은, 당신이 존경하지 않을 수 없는 지지자를 찾는 방법이 최선이다.

셋째, 신뢰할 수 있는 사람이어야 한다. 가장 중요한 전제 조건을 말하는 것을 깜빡했다. 당신의 지지자는 당신이 최고의 삶을 살기 바란다는 데 한 점도 의심이 없어야 한다. 또한 그가 당신에게 어떤 충고를 하더라도 둘 사이의 관계는 달라지지 않고 잠시 어긋난다 해도 곧 제자리를 찾을 것이라는 믿음이 있어야 한다. 그들은 당신이 능력을 마음껏 펼치며 최고의 경력을 쌓기를 바란다. 그것이 그들이 당신을 이끌어주는 동기이며 그렇지 않으면 모든 것이 산산이 부서진다.

그래서 당신이 인사권을 쥐고 있는 사람은 당신의 지지자가 될 수 없다. 자신의 경력이 그 사람 손에 달렸는데 어떻게 가식 없이 있는 그대로 충고할 수 있겠는가. 함께 프로젝트를 진행하는 동료가 당신의 지지자 역할을 해줄 수 있을지는 몰라도, 부하 직원에게 같은 기대를 품지 마라. 그들은 이미 당신이 마련한 살벌한 무대 위에 올라가 있기 때문이다. 직장생활이라고 부르는 무대 말이다.

↻ 치트키를 알면 게임이 훨씬 쉬워진다

미국 남부 힙합을 대표하는 전설적인 그룹 아웃캐스트Outcast의 반쪽을 맡은 래퍼이자 아티스트 '안드레 3000Andre 3000'은 래퍼에서 배우로, 배우에서 디자이너로 경력을 널뛰기하면서도 매번 성공적으로 자신 앞에 놓인 일을 멋지게 완성했다. 그는 자신의 성공 비결을 늘 다른 예술가들이 도와준 덕분이라고 말한다. 물론 처음부터 그랬던 것은 아니다.

"몇 년 전까지만 해도 저는 '멘토'라는 단어의 뜻도 몰랐어요."

하지만 지금은 자신이 뛰어난 기량을 쌓을 수 있었던 이유 중 하나가 일종의 '치트키'(게임에서 특정 플레이어만 유리하게 해주는 명령어-옮긴이) 때문이라는 사실을 깨달았다. 그는 아들에게 치트키를 이렇게 설명했다고 한다.

"비디오게임하고 비교하면 쉽게 이해가 될 거야. 넌 2년 동안 그 게임을 했어. 그러니까 그 게임에 관해서는 모르는 게 없겠지. 근데 난 이제 막 그 게임을 시작한 초짜야. 넌 곧바로 이렇게 말하겠지. '아빠, 거기 함정이 있어요. 거길 지나고 나면 깡충깡충 뛰어서 가야 해요.' 네가 그 이야기를 안 해줬다면 나 혼자 알아내려고 아마 1년은 걸렸을 거야. 멘토가 바로 그런 거야. '이건 내가 해봤으니까 거길 빨리 지나가게 도와줄게.' 이렇게 말해주는 사람들이지."

맞는 말이다. 지지자들은 당신에게 유용한 수많은 치트키를 알고 있다. 이게 진짜 핵심이다. 당신이 듣기만 한다면 그들은 자신들이 오래전에 터득한 치트키를 알려줄 것이다.

고등학생들을 대상으로 강연을 한 적이 있다. 열심히 준비했지만 객석의 반응은 완전히 꽝이었다. 처참하게 망한 강연을 끝내고 나오는데 스킷가이즈Skit Guys라는 코미디언 그룹이 내게 다가와 문제점을 알고 싶은지 물었다. 나는 강연을 더 잘하고 싶었기 때문에 당연히 그렇다고 대답했다. 그들은 강연장의 조명이 너무 밝았다고 지적했다. 어린 학생들은 잘못된 포인트에서 웃을까 봐 늘 긴장한다. 아무도 웃지 않는데 자기 혼자 웃어서 바보 같아 보이는 게 끔찍하게 싫기 때문이다. 그래서 방이 밝으면 아무리 웃겨도 아예 웃지를 않는다는 설명이었다.

3시간 뒤에 나는 다른 학교 학생들을 대상으로 비슷한 내용의 강연을 진행했다. 객석에서는 폭소가 터져 나왔다. 내용도 비슷했고, 전달 방식도 비슷했고, 심지어 애드리브도 비슷했다. 다른 점은 강연장의 조명이 좀 더 어둡다는 것뿐이었다.

↻ 숨지 마, 네 삶이잖아

그렇다면, 반대로 지지자들에게 우리는 무엇을 줘야 할까?

> 적에게는 무조건 '거리'를 줘야 한다.
> 친구에게는 약간의 '호의'를 줘야 한다.
> 지지자에게는 나에 대한 '접근권'을 줘야 한다.

지지자는 당신의 삶에 발을 더 깊이 들일수록 좋다. 당신의 경력을 가장 잘 이해하고, 가장 날카로운 조언을 던질 사람들에게 '접근 금지' 조치를 내린다면 그들이 당신에게 해줄 수 있는 건 없다. 그래서 지지자는 믿을 수 있는 사람이어야 한다. 이미 당신이 완벽하다면 조언 따위는 없어도 된다. 청소부를 불렀으면 그들을 믿고 어질러진 방을 그냥 있는 그대로 보여주면 된다. 즉 당신은 지지자에게 좋은 인상을 주려고 애쓰지 않아도 된다. 다만 그들에게 무언가를 배우려고 노력하면 된다.

누군가를 자기 삶에 받아들이는 일은 글로 쓰기는 쉽지만 실제로는 전혀 그렇지 않다. 거기에는 시간이 필요하다. 따라서 지지자의 '세 가지 조건(용기, 존중, 신뢰)'을 확인하려면 시간이 걸린다. 천천히 확인하라. 당신과 지지자의 관계를 전자레인지에 넣고 돌릴 수는 없다. 서둘러 당신을 속속들이 알려주고 싶은 유혹을 참아라. 휴게실 한복판에서 셔츠 단추를 풀어헤치고 "내 경력은 이게 다예요! 누가 이런 사람을 쓰고 싶겠어요?"라고 외치며 미쳐 날뛰는 사람처럼 굴면 안 된다.

자, 이제 앞에서 작성한 리스트를 천천히 살펴보자. 당신의 지지자로 삼을 만한 사람이 보이는가? 생각해둔 사람이 있다면 당신의 경력과 관련해 그 사람과 공유할 수 있는 정보가 무엇인지 정하라. 그러고 나서 그들에게 천천히 보여줘라. 그들이 당신에게 다가오도록 접근권을 줘라.

ℭ '전문가'의 범위를 확장시켜라

당신의 삶을 지지해주고 경력에 관해 예리한 충고를 해줄 사람을 찾는 일이 생각보다 어려울 수 있다. 우리가 지지자를 찾기 힘든 이유는 '전문가'라는 단어의 정의를 너무 거창하게 내리기 때문이다. 경력을 이끌어줄 지혜로운 지지자가 필요하다는 말을 들으면 우리는 대뜸 워런 버핏Warren Buffett이나 마이클 펠프스Michael Phelps처럼 한 분야에서 일가를 이룬 거장을 떠올린다. 하지만 그렇게 해서는 평생 지지자를 만날 수 없다. 그러니 제발 이런 야무진 꿈은 버려라.

당신 삶 어딘가에 숨어 있을 지지자를 수면 위로 드러내기 위해선 당신이 생각하는 전문가의 정의를 다음 세 범주로 세분해야 한다.

하나, 업계 전문가.

둘, 인생 전문가.

셋, '나' 전문가.

첫 번째는 비교적 단순하다. 더 나은 치과 의사가 되기 위해 훌륭한 조언을 듣고 싶다면 치과업계에서 당신보다 10년 더 일한 치과 의사를 찾으면 된다. 당신 어머니가 남의 이야기를 잘 들어주는 사람인 건 기쁘지만 그녀가 치아에 대해 공부한 적이 없다면 최신 레이저 치료법에 대한 구체적인 조언을 어머니에게 기대하는 건 어리석은 일이다.

두 번째 지지자가 제공할 수 있는 조언은 삶을 헤쳐나갈 때 도움이 될 지혜와 경륜이다. 치과 사업을 확장하려고 계획 중인가? 치과 의사가 아닌 다른 분야에서 15년 경력을 쌓은 성공한 기업가라면 당신에게 유용한 조언을 해줄 수 있을 것이다. 그 사람이 날카로운 기구로 환자의 치석을 긁어내 본 적이 없다는 사실은 중요하지 않다. 그 사람은 계속해서 더 많은 환자를 유치하는 방법과 가장 저렴하게 기구를 들여오는 요령을 속속들이 이해하고 있을 것이다. 즉, 지금 당신에게 필요한 '치트키'를 많이 알고 있다.

세 번째 지지자는 좀 우스꽝스럽게 들릴지 모르겠다. 하지만 가치로 따지면 위의 두 분야 못지않다. 당신을 누구보다 잘 아는 절친한 친구는 업계 전문가와 인생 전문가보다 훨씬 결정적인 조언을 해줄 수 있다. 심지어 나이가 당신보다 어릴지라도 그들은 '나'라는 분야에서 수년간 경력을 쌓은 전문가다. 그들은 당신의 치부와 약점을 정확히 파악하고 있다. 치과에 진료실을 추가하려는 당신의 계획이 환자 수요를 예측한 정확한 사업적 선택이 아니라 그저 동창들 사이에서 어깨에 힘을 주려는 무모한 시도라는 진실을 꿰뚫어볼 수 있는 지지자는 이들밖에 없다.

친구와 지지자의 경계가 모호할 수 있다. 친구와의 우정이 쌍방이라면 지지자의 지지는 일방이다. '나' 전문가가 할 일은 당신에게 조언을 해주는 것이다. 당신이 할 일은 그 조언을 따르는 것이다. 의도적인 일방통행이다. 반면 우정은 서로 지지를 주고받는다. 만약 당신이 친구에게 지지자를 대하듯 계속 당신 경력에 대한 피드백과 지혜를 요구하기만 하고 아무것도 돌려주지 않는다면 당신은 이기적인 사람이다. 우정은 삶을 서로 공유하는 것이다.

하지만 지지자에게는 원 없이 조언을 구해도 된다. 우리가 그들과 교류하고 차를 마시는 이유는 그들에게서 무언가 배울 것이 있기 때문이다. 그들과 함께 있는 시간 내내 당신의 경력에 관한 질문만 쏟아놓는다고 해도 그건 이기적인 것이 아니다. 그게 지지자의 존재 이유이기 때문이다. 그리고 우리는 또 누군가의 지지자이기도 하다.

작가 애니 다운스Annie Downs는 분기마다 한 번씩 이른바 '지지자 위원회'를 소집한다. 몇 달 동안 신중한 선별 과정을 거쳐 위원들을 초대한다. 그녀가 의제를 정하고 경력과 관련하여 현재 자신이 처한

위기와 기회를 명확하게 제시한다. 자신의 몸값을 높이기 위한 요긴한 정보와 전략을 위원회에 요청한다.

그 방에서 애니가 주구장창 자신의 이야기만 한다고 해서 불만을 갖는 사람은 아무도 없다. 그들은 지지자들이다. 위원회의 목적이 명확하기 때문에 오히려 뜬금없이 그녀가 이렇게 나오면 당황할 것이다. "내 이야기는 이제 됐어요. 이제 여러분이 자식들을 키우면서 겪는 어려움에 대해 들려주시겠어요?"

나는 아직 애니처럼 될 준비는 안 됐다. 아마 당신도 그럴 것이다.

그래서 우리가 맨 먼저 할 일은 일단 나의 지지자를 만나는 일이다. 까다로운 선발 과정이나 괴상한 멘토 임명식 같은 건 생략해도 된다. 당신은 그저 아까 작성한 리스트를 다시 넘겨보면서 마음속으로 다음 주 금요일 저녁에 누굴 만날지 정하기만 하면 된다. 그들은 자기가 지지자라는 사실조차 깨닫지 못할 것이다. 커피나 한잔 하자고 만나서 몇 가지 질문을 하는 게 다일 테니까. 처음에는 쉽지 않을 수 있다. 요즘에는 "커피 한잔 하시죠"가 대화의 마침표처럼 쓰이는 경우가 많기 때문이다. 그러니까 지지자 후보에게 커피를 마시자고 할 때에는 정확한 시각과 장소를 정해 확답을 들어라. 그가 이렇게 생각하면 골치 아프니까. '오, 나와 대화하는 게 지겨운가 보군. 어서 자리를 피해줘야지!'

↻ 우리 인생에 지지자가 한 명도 없다면?

먼저 이 점은 짚고 넘어가자. 당신에게는 반드시 지지자가 있다. 지지자를 '나보다 더 똑똑한 사람'이라고 정의한 다음 지지자라고 내세울 만한 사람이 없다며 투덜댄다면 당신은 스스로 세상에서 제일 똑똑하다고 말하고 있는 셈이다. 당신에게 지지자가 없는 이유는 아마 당신이 어디서 지지자를 찾아야 할지 모르기 때문일 것이다. 그건 간단히 해결할 수 있는 문제다.

"그들이 있는 곳으로 가라."

가령 당신이 건축가라고 해보자. 당신이 사는 도시에 건축가가 한 명 이상 산다면 그 건축가와 친구가 되어야 한다. 그는 당신의 지지자가 될 가능성이 아주 높다. 동네에 건축가 모임이 있다면 당장 가입하라. 또는 집 근처에 있는 건축 관련 회사 직원 중에서 적어도 한명 이상 알고 지내는 걸 목표로 삼아라. 당신이 그 회사에서 일할 가능성이 전혀 없을까? 그럴지도 모르지만 지금 다니는 직장을 평생 다니지는 않을 거라는 건 확실하지 않은가. 그 도시에 참석할 만한 모임이 없다면 차라리 잘됐다. 시장을 독점하라. 당신이 모임을 만들어라. 온라인으로라도 시작하라.

그렇게 깃발을 꽂다 보면 틀림없이 전문가를 만날 수 있을 것이다. 분야가 정확히 일치하지는 않더라도 그들이 아는 사람 중에서 적당한 사람이 있을 것이다. 그런 식으로 사람을 찾아다니는 게 어색하고 창피하지 않냐고? 물론 어색하다. 하지만 어색한 상황을 피하고 싶다면, 늘 만나던 사람과 만나 늘 하던 이야기를 하면 된다. 그냥 지금의 몸값을 받으며 지금의 경력에 안주하며 살면 된다.

처음 본 사람에게 다짜고짜 "저의 지지자가 되어주겠습니까?"라고 묻지 못하겠다면 좀 더 쉬운 방법으로 해보자. 원거리 지지자 위원회를 만드는 거다. 이 위원회 멤버는 당신이 한 번도 만나본 적 없는 베스트셀러 작가나 유명 셀럽 등이 포함될 수 있다. 그들과 얼굴을 마주 보며 커피를 마실 필요도 없다(물론 그들도 원하지 않을 것이다). 당신은 그저 그들의 책이나 SNS 게시물을 통해 경력에 유용한 정보와 지식을 얻으면 된다.

지지자나 낯선 사람들이 모인 테이블에서 말을 꺼내는 것이 부담스럽다면 일단 책장에서라도 시작하라.

⟳ 두 가지 질문으로 시작하자

자, 이제 지지자와 만나 커피를 마시기로 약속했다. 만나면 뭘 해야 할까? 다음 두 질문 중에서 하나를 물어보라.

첫째, 저 같은 (　　　　)에게 조언을 한마디 해주신다면?
괄호 안에 당신의 직업을 넣어서 물어보면 된다. "내 경력을 통째로 고쳐주세요"라는 식으로 대화를 몰아붙여서 지지자가 혼비백산하게 만들면 안 된다. 일단은 대화를 풀어나가기 위한 단초를 마련해야 한다. 나는 이 책을 쓰는 동안 포트폴리오Portfolio 출판사의 발행인 에이드리언 잭하임Adrian Zackheim에게 조언을 해달라고 부탁했다. 그는 출판계에 30년 이상 몸담은 베테랑이고 수많은 베스트셀러를 출판했다. 그는 잠깐 생각하더니 이렇게 말했다.

"명심하세요. 가장 중요한 것은 책이라는 사실을요. 새로운 기회와 새로운 선택지에 휩싸이면 책을 잘 만드는 게 제일 중요하다는 사실을 잊기 쉬워요. 무엇보다 중요한 건 책입니다."

나처럼 머리칼만 너무 일찍 희끗해진 젊은 사람에게 그 조언은 정말 큰 도움이 되었다. 당장 책이 잘 안 팔리면 작가는 여러모로 압박을 많이 받는다. 행사장을 다니며 강연을 해야 하고 블로그를 운영해야 하고 디지털 콘텐츠를 팔아야 하고 트위터도 해야 하고 자기 브랜드도 만들어야 한다. 에이드리언의 조언은 내가 본질을 잊지 않도록 도와줬다.

둘째, 당신이 제 나이였을 때 이 일과 관련해서 알았다면 좋았을 것은 무엇인가요?

이 질문은 단어 선택을 잘해야 한다. 자칫 지지자에게 "이제 당신은 거의 신송장에 가까운데요, 살면서 후회되는 것 중에 내가 피해야 할 게 있을까요?"라는 의미로 들릴 수 있기 때문이다. 이 질문의 목적은 우선 지지자에 대한 존중을 표현하는 것이고, 그다음으로 그가 자신의 삶을 돌아보며 풍부한 상상력을 발휘할 수 있도록 도와주는 것이다. 그러니까 진짜 의미는 이렇다.

"당신에게는 내게 없는 경험과 지혜가 있어요. 과거로 돌아가 '젊은 당신'에게 조언을 한다면 뭐라고 하시겠어요?"

그들의 치트키를 얻으려면 똑똑하게 질문하라. 그래야 똑똑한 대답이 나온다.

℃ 당연히 기분 나쁠 것이다, 하지만 받아들여라

조언과 충고를 듣기 위해 당신 경력에 관한 모든 정보를 지지자에게 공개했다는 것은 그가 당신에게 어떤 질문을 해도 좋다고 암묵적으로 용인한 것이다. 그리고 이 '질문'에는 일반적인 질문뿐만 아니라 기분 나쁜 질문도 포함되어 있다. 만약 그런 질문을 받는다면 당장은 불쾌하고 그가 야속할 수도 있다. 하지만 그들이 계속 그런 질문을 하도록 독려해야 한다. 당신이 애써 외면하고 있는 진실을 들춰내도록 도와야 한다. 그렇지 않으면 결코 성장할 수 없기 때문이다.

직장의 틀에 갇혀 한 걸음도 앞으로 나아가지 못하던 때가 있었다. 나는 결단을 내려야 했다. 멈추거나 멈추지 않거나. 내 지지자가 대놓고 물었다. "언젠가 이 순간에 대해 뭐라고 이야기할 수 있으면 좋겠어요? 이 결정에 대해 아이들에게 어떻게 말할 건가요? 안전하게 몸이나 사리고 쉬운 길을 택하고 위험은 절대 무릅쓰지 않았다고요? 그게 정말 당신이 아이들에게 들려주고 싶은 이야기인가요?"

얼마 전에 나는 같은 업계에 종사하는 지지자에게 걱정을 털어놓았다. "이번에 출시한 제품이 많이 팔려야 할 텐데 걱정이에요." 그러자 그는 내 목표가 뭐냐고 물었다. "그 제품이 잘돼서 대박이 터져야죠!" 내 대답을 듣고 그가 말했다. "형편없는 목표네요. 그걸 측정이나 할 수 있어요? 성공이라는 걸 어떻게 알아요? 당신은 완벽주의자군요. 완벽주의자한테 쓰는 약이 뭔 줄 알아요? 실패예요. 목표를 정의하지 않으면 실패할 수밖에 없어요. 그러니까 언제까지 몇 개를 팔 거예요?"

나도 처음부터 "와우, 내게 조언을 해줄 사람이 있어서 너무 좋아. 송곳 같은 질문들 만세!"라고 생각한 건 아니었다. 처음에는 이렇게 생각했다. "저 바보 같은 얼굴에서 나오는 바보 같은 질문 좀 닥쳐주면 좋겠어!"

하지만 내게 주어진 삶의 조건을 받아들이고 내가 하고 싶은 일에 최선을 다하기로 다짐한 뒤에는 결국 지지자들의 이런 가혹한 충고도 기쁘게 받아들이게 되었다. 그리고 그것을 내 몸값을 높이는 원료로 활용했다.

실패한 리더들의 공통점을 아는가? 그들의 곁에 제대로 된 질문을 할 수 있는 사람이 한 명도 없었다는 사실이다. 지지자들은 우리가 잘못된 결정을 내리지 않도록 바짓가랑이를 붙드는 사람들이다. 그들의 질문을 견디지 못하면 우리는 아무것도 얻을 수 없다. 작은 상처에 토라지지 마라. 그들의 질문을 겸허히 받아들여라.

지금 바로 시작해!

× 친구는 당신과 시간을 함께 보내는 사람이다. 지지자는 당신의 경력을 함께 만들어가는 사람이다.

× 치트키는 게임을 훨씬 쉽게 해준다. 아니, 이기게 해준다. 당신이 '질문'이라는 버튼을 누르기만 하면 지지자들의 입에서 '치트키'가 쏟아질 것이다. 하지만 대다수의 사람이 그 버튼을 누르지 않는다.

× 지지자가 당신의 경력에 대해 아는 게 많을수록 당신을 더 많이 도울 수 있다. 그러니까 사춘기 소년처럼 마음속 골방에 틀어박혀 당신의 비밀을 숨기지 마라.

× 하나만 기억하자. 지지자는 달콤한 아이스크림이 아니다. 그들은 당신의 구토를 멈추게 할 쓴 위장약이고 몸살을 낫게 할 매운 주삿바늘이다. 달달하고 부드러운 걸 찾고 싶다면 집 근처 아이스크림 가게에 가면 된다.

사람들은
당신을 좋아하지 않는다

07

> 관계가 좋게 끝나는 일은 거의 없다. 관계가 좋았다면 끝나지도 않았을
> 것이기 때문이다.
>
> – 프랑스의 소설가 마르셀 프루스트

모든 인간관계를 안고 갈 수는 없다. 몇몇 사람은 당신을 좋아하지 않는다. 지금 같이 일하는 동료 중에도 당신을 싫어하는 사람이 있다. 예전 직장에서도 당신을 싫어하는 사람이 있었다. 그리고 앞으로의 경력에서도 그럴 것이다. 우리는 다른 사람들이 우리를 어떻게 생각하는지 통제할 수 없다. 경력을 새롭게 쓴다는 것은 지금 다니는 직장에서의 성장일 수도 있고 더 좋은 일자리가 있는 다른 회사로의 도약일 수

도 있다. 어느 쪽이든 그 과정에서 다리 몇 개쯤은 불태울 일이 생기기 마련이다.

하지만 모든 다리를 불태워선 안 된다. 제발 부탁이다. 손에 가솔린을 잔뜩 묻힌 사람처럼 너무 많은 다리를 불태우지는 마라.

당신이 속한 그 업계는 생각보다 훨씬 좁다. 당장은 그게 얼마나 커 보이든 실제로는 정말 손바닥만 하다. 우리는 우리가 일했던 사람들과 직간접적으로 계속 부닥칠 것이다. 물론 좌절감이 큰 만큼 가스통을 높이 치켜들고 싶을 것이다. 앞에서 나는 우리가 '더 나은 선택'을 해야 한다고 강조했지만, 종종 우리의 인내심과 자제력은 개차반 같은 상사나 개떡 같은 회사 또는 망할 놈의 프린터 앞에서 속수무책이 된다. '잘 가라, 나의 적들!' 두 번 다시 안 보기로 마음먹고 불붙은 성냥을 다리 위로 휙 튕긴다.

하지만 결국 부메랑은 돌아온다. 좋은 부메랑이든 나쁜 부메랑이든. 완전히 불태웠다고 생각했던 다리는 어느새 멀쩡하게 복원되어, 그 위로 적들이 뚜벅뚜벅 걸어온다. 그리고 우리는 우리가 불살라버린 그들과 다시 일하게 될 것이다. 업무 때문에 참석한 행사장에서 그들과 마주칠 것이다. 새 회사의 팀장과 방문한 거래처 회의실에서 그들과 만날 것이다. 당신이 만날 미래의 고용주는 그들에게 전화를 걸어 당신의 평판을 물을 것이다. 당신과 그들의 관계는 끝나도 끝난 게 아니다.

물론 끊어버려야 하는 다리도 있다. 독사보다 더 위험한 그들이 당신의 삶을 처참하게 망가트릴 수 있기 때문이다. 그래도 당신 손으로

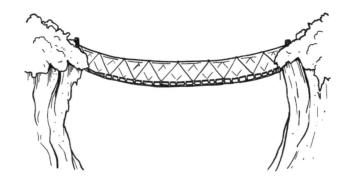

다리를 불태우지는 마라. 차라리 그냥 돌아서는 쪽을 택하라. 경력 기간 동안 불태우는 다리가 적을수록 우리의 미래 경력은 더 안전해진다. 그리고 몸값이 오를 확률도 그만큼 높아진다.

그을음을 내며 여전히 가느다란 연기를 피워 올리는 낡은 다리조차 없다면, 우리가 정말 큰 위기에 처했을 때 살살 기어서라도 도주할 방도가 없다.

↻ 멍청한 사람이 먼저 승진한다

당신은 옆 부서의 박 과장이 싫다. 그는 그냥 적이 아니라 최대 강적이다. 당신이 배트맨이면 그는 조커다. 그가 웃는 표정을 도저히 참을 수가 없다. 일도 제대로 못하는 데다가 손만 댔다 하면 사고다. 아예 무시하는 편이 훨씬 쉬울 것 같다.

하지만 문제가 있다. 박 과장은 언젠가 당신의 상사가 될지 모른다. 지금이야 결코 불가능한 일처럼 느껴질 것이다. 우리 회사 대표가 그를 승진시킨다고? 말도 안 된다. 저렇게 최악인데 설마 그걸 모를까? 그가 내가 속한 팀의 팀장 자리에 앉는다는 건 상상도 할 수 없는 일이다. 하지만 종종 그런 날벼락이 떨어진다. 나는 박 과장보다 훨씬 형편없는 사람들이 승진하는 걸 봐왔다. 아마 당신도 봤을 거다. 어떤 회사에서든 딱 3분만 일해보면 누구나 알 수 있는 진실이다. 안타까운 현실이지만 인정해야 한다.

그러니 미래에 나와 직간접적으로 연결될 수 있는 사람들과의 다리를 함부로 불사르지 말기 바란다. 멍청한 사람도 승진은 하기 때문이다. 다음 회의에서 누군가와의 다리를 불태우고 싶다는 생각이 스멀스멀 올라오면 자신에게 이렇게 주문을 걸어라.

'저 인간은 반드시 내 상사가 될 거야.'

첫 회사를 그만뒀을 때 나는 몹시 기이한 짓을 했다. 떠나고 나서도 분을 삭이지 못한 채 고속도로에 차를 세우고선 내 승리의 탈출을 기념하는 사진을 찍었다. 나는 내 앞에 놓인 거룩한 숙명을 좇아 회사를 관뒀다. 그냥 그만둔 게 아니라 탈출했다. 직장이라는 족쇄를 풀고 나 자신을 해방시켰다. 만세! 약 오르지롱, 직장아!

문제는 그 회사가 내게 정말 잘해줬다는 사실이다. 회사에서는 송별회를 겸해 직원들을 불러 모아 맛있는 점심을 사줬다. 물론 두둑한 퇴직금도 챙겨줬다. 내가 맡은 일은 근로계약서에 명시된 합당한 일이었고 언제나 내가 처리할 수 있는 업무량만 주어졌다. 그런데도 나는 내가 엄청나게 큰 손해를 봤다는 태도로 회사를 그만뒀다. 그 다리에 불을 질렀다.

당신도 언젠가는 직장을 떠날 것이다. 당장 내일일 수도 있고, 이미 떠났을 수도 있다. 그때 반드시 엄지손가락 하나를 치켜세우며 떠나길 바란다. 이런 말까지 덧붙이면 완벽하다. "성실하고 선한 여러분과 이곳에서 함께 일할 수 있어서 정말 고마웠어요. 난 이제 다른 모험을 하러 떠나지만 여러분은 이곳에 남아 행복을 찾길 바랍니다!"

나도 알고 있다. 엄지손가락 말고 다른 손가락에 힘을 빡 주고 주차장에서 한바탕 소란을 피운 뒤 퇴장하고 싶다는 걸. 하지만 그런 행동으로 느끼는 잠깐의 행복은 그로 인해 잃게 될 모든 장기적인 인간관계의 고통에 비하면 너무나 보잘것없다.

말이야 쉽지 실제로 그렇게 하는 게 힘들다는 것도 잘 안다. 이 세상에는 상사도 별로고 커피 맛도 별로인 형편없는 직장이 너무나 많다. 당신을 못살게 굴었던 사람들과 길고 찐한 가짜 포옹을 하라는 게 아니다. 거짓말하지 마라. 속이지 마라. 그냥 엄지손가락만 세워라. 손가락 하나만 세우면 된다. 그 손가락을 더 자주 세울수록, 그대로 남겨둘 수 있는 인맥이 더 많아지고 당신이 가져가야 할 쓸쓸함은 적어진다.

'SNS에서 멍청한 짓 안 하기'라는 주제로 책을 쓰면 몇 권은 나올 것이다. 하지만 여기에서는 인터넷에서 저지르는 어리석은 행동이 우리의 경력과 몸값에 미치는 영향에만 초점을 맞춰보자.

현재 직장에 다니고 있다면 인터넷에 당신이 다니는 회사를 비판하는 글을 올리지 마라. 당신 상사가 볼 것이다. 상사가 안 보면 동료가 볼 것이다. 어쩌면 그 글을 본 동료가 앞에서 말한 '바닷가재 모임'에 당신을 초대할지도 모른다. 하지만 그 모임은 눈부신 경력을 원하는 당신이 머물기에는 적절하지 않다. 만약 상사나 동료가 못 본다면 언젠가 당신을 고용할지도 모르는 잠재적 고용주가 볼 것이다. 전혀 예상하지 않은 누군가가 우리에게 새로운 일자리 기회를 줄 수 있다고 추측할 수 있는 것처럼, 우리가 SNS에 쓴 저질스러운 낙서 역시 전혀 예상하지 못한 누군가가 볼 수 있다고 추측할 수 있지 않을까?

그들은 당신의 불평에는 전혀 관심이 없고 이런 생각만 할 것이다. "악담도 정도가 있지 이건 너무 심하잖아? 우리 팀에 이런 암적인 존재가 있다면 어떻게 될지 안 봐도 뻔하군!" 더 안 좋은 소식은 온라인에서 타오른 불은 영원히 꺼지지 않는다는 사실이다. 트위터에 올린 글과 사진은 지울 수 있지만, 당신이 지핀 불은 당신이 접속하지 않은 어딘가의 서버에 영원히 저장될 것이다.

그리고 하나 더 있다. 회사를 그만두거나 다른 회사로 이직한 직후에는 어떤 SNS 계정에서든 좋은 티를 내지 마라. 평일 오전 카페에서 브런치를 즐기는 행복한 일상은 부모님과 애인에게만 공유해도 충분하다. 그곳을 탈출했다는 기분을 내비치는 어떤 표현도 쓰지 마라. 행복을 암시하는 표현도 안 된다. 사람들은 우리가 생각하는 것보다 훨씬 예민하고 똑똑하다. 그리고 그들은 당신을 주시하고 있다.

회사를 떠난 것이 마치 용을 무찌른 것처럼 위대한 일이었다는 식으로 미화하지 마라. 그 회사에 남아 열심히 일하고 있는 사람에 대한 모욕이다. 그들은 회사를 지옥이라고 여기지 않는다. 당신은 그들에게 이렇게 말하고 있는 것이다.

"난 거길 떠날 만큼 똑똑한 사람이고, 여태 거기 남아 있는 당신들은 멍청이야."

↻ 이미 불 지른 다리는 어떡할까?

퇴사는 내게 수세미 뜨개질보다도 더 서툰 미완의 기술이다. 다니던 회사를 그만두고 동료와 작별 인사를 나누는 과정은 아무리 멋진 덕담을 주고받아도 마음이 상하기 마련이다. 그 상처는 우리가 통제할 수 있는 영역이 아니다. 하지만 우리가 불을 지른 그 다리는 어떨까? 철이 없어서, 오만해서, 아니면 화가 나서 무심코 태워버린 그 다리는 어떻게 할까? 손가락 하나를 치켜들며 퇴장했는데 그게 엄지손가락이 아니었다면? 가장 현실적인 대처법은 이것이다.

"일단 사과하라."

다리를 다시 완벽하게 수리하기 위해서가 아니다. 그들이 잘못을 뉘우치고 우리에게 사과해주길 기대해서도 아니다. 어떤 기대도 하지 마라. 사과를 하는 것은 그것이 당신 손에 묻은 검댕을 깨끗이 씻어내는 유일한 방법이기 때문에 하는 것이다. 복잡할 거 없다. 대개는 이메일이면 충분하다. 나도 몇 번 해봤는데 결코 재밌는 일은 아니었다. 손으로 편지를 써서 적의 책상 위에 올려두고 가도 좋다. 답장에 대한 부담도 주지 않으면서 진심을 좀 더 잘 전달할 수 있는 방법이기 때문이다. 내가 먼저 사과했던 한 상사는 나를 용서했다. 또 다른 상사는 내가 보낸 사과 메일에 비판을 덧붙여 답장을 보냈다. 어떤 동료는 내 사과를 받아들이지 않았다.

그들은 우리에게 사과하지 않을 것이다. 그래도 사과해야 한다. 가급적 해피엔딩이 좋지만, 결과가 어떻게 나오든 상관없다. 내가 목적한 것은 그것이 아니었기 때문이다. 내 목적은 사과였다. 난 그들에게 사과했다. 난 내 목적을 달성했다. 끝!

지금 바로 시작해!

- ✗ 우리의 업계는 생각보다 훨씬 좁다. 우리는 언젠가 예측할 수 없는 방식으로 다시 만난다. 누구든 다시 만날 일 없는 사람처럼 대하지만 않으면 된다. 이 사실만 기억하고 있어도 최악의 상황을 피할 수 있다.
- ✗ 평일 낮에 브런치를 즐기는 사진은 아이폰 사진첩에만 저장해두고 가끔 울적하고 외로울 때 감상하라.
- ✗ 필요하다면 사과하라. 그들의 반응까지 신경 쓸 필요는 없다. 당신이 먼저 손을 내밀었다는 사실이 중요하다. 먼저 손을 내밀었는데도 상대가 거들떠보지도 않는다면 당신이 진정한 승자다.

결국 우린 다 외로운 존재다

08

우리에게 도약할 용기를 주는 건 결국 동료뿐이다.

- 영국의 화가 앨런 존스

경력이 당신을 절망의 나락으로 내팽개쳐버릴 때가 있다. 서 있던 풍경이 바뀌면 상상 이상으로 초조해진다. 악수에 악수를 거듭하고 무기력해져 급기야 모든 것을 포기하고 주저앉고 만다. 당신이 평소 구렁텅이라고 피했던 바로 그곳에 발을 푹 담근다. 그럴 때 누가 옆에서 당신을 일으켜줄 것인가? 바로 '우리가 아는 사람들'이다.

"삶의 밑바닥까지 내려갔지만 순전히 제 지혜와 추진력 덕분에 다시 일어설 수 있었어요." 이렇게 말하는 사람은 아무도 없다. 요동치던 경력의 위기를 극복하고 정상 궤도에 오른 사람들은 이런 얕은 말 대신 좌절감을 희망으로 바꿔준 친구들과 기댈 곳이 필요할 때 어깨를 빌려준 이웃들을 이야기한다. 형편이 어려워 곤란에 처했을 때 말 없이 일자리를 알아봐주던 동료, 갚을 필요 없다며 지폐 몇 장을 주머니에 넣어주던 친구, 기꺼이 악역을 자처하며 온갖 아픈 구석을 쿡쿡 찔러대던 선배… 그들이 당신에게 도움을 주는 이유는 당신의 실력이 뛰어나서가 아니다. 그저 당신이 평소 부지런히 부메랑을 던져놓은 덕분이다.

우리에게 인맥이 필요한 이유는 그로 인한 결과가 둘뿐이기 때문이다. 주저앉거나, 벗어나거나.

↻ 인생의 밑바닥을 치고 올라 비상하는 사람들

삶이 한계점에 다다르거나 벽에 부딪히면 우리는 손에 강력한 무언가를 쥐게 된다. 경력을 재탄생시킬 기회 말이다.

아마 삶의 모든 영역에서 이런 이야기를 숱하게 들어봤을 것이다. "일자리를 잃고 나서 알았죠. 결국 술 때문에 모든 걸 잃게 되리라는 걸요.", "부동산 거품이 붕괴되던 시기에 직장을 잃었어요. 경력을 완전히 새로 시작해야 했죠!"

모든 것이 끝장난 것 같은 가혹한 시련은 누군가에겐 삶을 복원할 강력한 계기가 된다. 몇몇 사람에게는 절망의 나락이 어렸을 때 방방

뛰며 놀던 트램펄린으로 작용하는 것이다. 그들은 삶의 저 밑바닥까지 내려갔다가 트램펄린에서 튕겨져 나오듯 눈부신 빛을 향해 비상한다. 다시는 그런 밑바닥을 경험하지 않겠다는 굳은 의지와 그 어둠 속에서 벗어나지 못한 사람을 돕겠다는 다짐과 함께.

미국 최고의 다이어터 제러미 로치포드Jeremy Rochford에게는 놀이 공원 롤러코스터에서 쫓겨난 일이 그 계기가 되었다. 친구들과 놀이 공원에 간 그는 한참을 기다린 끝에 드디어 롤러코스터에 올라가 자리에 앉았다. 하지만 안전벨트가 채워지지 않았다. 매니저가 오더니 특대 사이즈 벨트가 있으니 걱정하지 말라며 그를 안심시켰다. 그때 옆에 있던 안전요원이 말했다. "이게 특대 사이즌데요." 매니저는 난처한 표정을 지으며 그를 돌려보냈다. 제러미는 뚱뚱해서 놀이기구도 못 탄다며 자신을 비웃는 같은 학교 친구들의 야유를 온몸으로 견디며 공원 밖으로 터덜터덜 걸어갔다.

몇 년 뒤에 그는 트레이너이자 체중 감량을 주제로 한 베스트셀러 책의 작가가 되어 있었다. 몸무게도 90킬로그램 이상 감량했다. 어렸을 때 롤러코스터에서 쫓겨난 경험이 자신의 진로를 결정하리라고는 그 자신도 예상하지 못했을 것이다.

많은 과학자가 부정적인 상황이 창의성에 미치는 영향을 연구했다. 연구자들은 사람들이 역경을 딛고 일어섰을 때 공통적으로 성장하는 다섯 가지 영역을 발견했다. 그리고 그 연구 결과를 '외상 후 성장Posttraumatic Growth'이라는 이름을 붙여 하나의 이론으로 정립했다.

하나, 인간관계에 대한 낙관.

둘, 삶의 새로운 가능성.

셋, 내가 지닌 잠재력에 대한 믿음.

넷, 위기를 돌파할 정신력.

다섯, 삶에 감사하는 마음.

펜실베이니아대학교 심리학과 교수 마리 포거드Marie Forgeard는 한 연구에서 "실험 참가자가 보고한 사건(역경)의 횟수는 참가자의 창의성을 가늠하는 척도가 된다"라고 밝혔다.

어째서 이런 일이 일어날까? 수년간 창의성을 연구해온 뉴욕대학교의 배리 호프만Barry Hoffman은 이렇게 말한다.

"살면서 한 번은 현실을 다른 관점에서 바라봐야 할 때가 있다. 큰 역경에 처하면 평소 자신이 안전하다고 믿었던 모든 것이 뒤흔들리면서 세상을 새롭게 바라보게 된다. 내면에 머물던 시야가 비로소 바깥으로 확장되어 세상을 인지하는 것이다."

그럼에도 누구나 몸무게를 감량하는 것은 아니다. 누구나 "더 이상은 못 참겠어!"라고 외치며 자신의 경력을 새로 쓰는 도전에 나서는 것은 아니다. 모든 사람이 자신에게 닥친 부정적인 상황을 긍정적인 상황으로 튕겨냈다면 세상은 완전히 다른 곳이 되었을 것이다. 대다수의 사람이 역경을 극복하지 못하고 그 자리에 주저앉고 만다. 좌절하고 포기한다. 운명을 받아들인다.

당신은 무엇을 택할 것인가? 두려움이 점점 목소리를 높인다. 씁쓸하지만 달리 어쩌겠냐며 어깨를 다독인다. 삶에 치이고 타인의 변덕에 휘둘린 우리는 어쩔 수 없이 모든 걸 내려놓는다. 실패를 하는 게 아니라 '실패 그 자체'가 되어버린다. 이제 제대로 된 직장은 구하기 글렀다. 일은 끔찍하고 그 사실은 언제나 변함이 없을 것이다. 그걸 인정하자 마음이 편해진다. 경력의 위기에 처해 결국 절망의 나락에 주저앉아버린 우리는 더 나아지기를 포기한 미국인의 70퍼센트와 운명을 같이한다. 만약에, 정말 만약에 우리가 인맥을 쌓아놓지 않았다면 말이다.

↻ 기댈 곳이 없는 나무는 금세 꺾인다

누구나 이런 경험을 해봤을 것이다. 영원할 것 같던 친구였지만, 당신의 상황이 나빠지자 썰물처럼 사라져버린 경험 말이다. 반대로, 몇 년간 연락이 뜸했던 지인이 생각지도 않게 그림자 속에서 나타나 당신에게 손을 내밀어준 적도 있을 것이다.

상황이 좋을 때는 그 관계가 얼마나 강한지 혹은 약한지 알기가 어렵다. 잔잔한 바다에서는 배의 견고함을 시험할 수 없듯이 순탄한 시기에는 타인과의 결속을 헤아릴 수 없고 굳이 그걸 헤아릴 필요도 없으니까.

우리가 관계를 맺고 있는 각각의 사람들을 양동이에 든 구슬이라고 가정해보자. 그리고 그동안 그들과 결성한 믿음을 거대한 '뜰채'라고 비유해보자.

경력에 위기가 찾아왔다. 양동이가 뒤엎어진다. 순식간에 모든 구슬이 쏟아진다. 이때 뜰채가 오밀조밀하게 잘 엮여 있다면 그 뜰채에는 큼직하고 단단한 구슬부터 볼품없는 작은 구슬까지 모조리 걸린다. 하지만 느슨하게 풀린 뜰채를 갖고 있다면 자잘한 구슬들은 작은 구멍 사이로 다 빠져나간다. 큼직한 구슬 몇 개만 그대로 머문다. 인맥에 꾸준히 투자해왔다면 양동이가 뒤집히는 사건은 그다지 극적이지 않을 것이다. 뜰채가 촘촘할 것이기 때문이다.

나는 직장을 그만두고 싶어 하는 사람을 많이 만난다. 이유는 모르겠지만, 그들은 나를 회사를 박차고 나오기 전에 대화를 나눠봐야 할 마지막 보루쯤으로 생각하는 것 같다. 내가 그들에게 똑같이 묻는 질문이 있다.

"주위 사람들은 뭐라고 하나요?"

대다수가 제대로 대답하지 못한다. 왜냐하면 그들에게는 소속된 곳이 없기 때문이다.

그들에게는 그런 결정의 무게를 함께 짊어질 지지자나 친구가 없다. 작은 승리를 기뻐해주거나 원대한 계획에 질문을 던져줄 사람이 없다. 경력에 생긴 커다란 공백을 바라봐줄 사람이 자신뿐이다. 중대한 결정 앞에서 외롭기 그지없다. 하지만 우리가 속한 공동체는 우리가 절망의 나락으로 떨어지지 않게 곁에서 우리를 붙잡아준다.

마지막 회사를 그만두고 1년쯤 접어들었을 때다. 어느 날 오후, 닭고기를 사려고 집을 나서는 아내에게 장을 보러 같이 가도 되겠냐고 물었다. 살 게 있어서가 아니었다. 동료가 필요해서였다. 무언가를 새로 추진해야 한다는 압박에 시달리다 보니 문득 외롭다는 생각이 들었다. 그런 나를 옆에 두고 카트를 밀던 아내는 마트 점원에게 이렇게 말했다. "우리 남편이 당신을 그리워 했대요." 점원은 말없이 미소를 지었다.

일을 관두고 새로운 경력을 준비하게 되면 혼자 있거나 어딘가로 숨어버리고 싶은 유혹을 느낄 것이다. 그 유혹을 경계하라. 우리에게는 다른 사람이 필요하다. 우리에게는 친구가 필요하다. 우리에게는 지지자가 필요하다. 우리는 우리의 몸값을 함께 불려줄 다양한 인맥이 필요하다. 그리고 그 인맥은 생각보다 가까이에 있다.

2부

당신은 '0'에서 시작하는 게 아니다

당신은 '0'에서 시작하는 게 아니다.

지금 두려움과 의심이 뭐라고 속삭이든

당신의 경력은 결코 텅 비어 있지 않다.

당신은 언젠가 새로운 것을 배웠고,

그때 배웠던 방법으로 무언가를 다시 해낼 것이다.

절친한 친구가 형편없는 정비사라면 그에게 차를 고쳐달라고 하지 않을 것이다. 형편없는 회계사여도 마찬가지다. 그에게 세금 정산을 부탁하진 않을 것이다. 대책 없이 무책임한 친구에겐 개를 돌봐달라고 부탁할 수 없을 것이다. 그래도 그 친구를 신뢰한다고? 물론 두 사람의 우정은 돌보다 더 단단하다. 하지만 기술이 나아지지 않는 한 그 친구에게 또 일을 맡기지는 않을 것이다.

인간관계가 경력 관리의 첫머리를 책임진다면, 기술은 두 번째 라운드를 책임진다. 경력통장에서 기술 계좌가 텅텅 비어 있다면 아는 사람이 아무리 많아도 기회를 얻지 못한다.

유명하진 않지만 실력 있는 작가가 내게 괜찮은 출판 에이전시를 소개해달라고 부탁하면 나는 주저 없이 에이전시 연락처를 주고 내 이름을 대라고 말할 것이다. 하지만 그의 실력을 확신할 수 없다면 연락처를 주는 대신 내가 제일 신뢰하는 글쓰기 책 제목을 알려줄 것이다. '기술'은 아마추어와 전문가 사이에 놓인 다리이자 그 둘을 가르는 단단한 벽이다. 전문가가 되고 싶다면 방법은 간단하다. 기술을 단련하면 된다.

기술은 우리가 추진력을 발휘할 목표이자 오랜 시간에 걸쳐 축적

해야 할 동반자다. 평생에 걸쳐 단련할 기술이 있다면, 어디로 갈지 몰라 헤매다 아무것도 달성하지 못한 채 힘만 빼고 주저앉아 울 일은 없을 것이다. 기술은 한번 습득하면 영원히 우리에게 남는다. 칼을 든 강도도, 포악한 고용주도, 사랑스러운 애인도 우리의 기술을 빼앗을 수 없다. 직장을 그만두더라도 거기서 배운 기술은 우리가 가져간다. 경력통장에 한번 저축된 기술은 사라지지 않는다.

이따금 우리는 기술이 출생증명서에 찍혀 나오는 것이라고 오해한다. 타고난 음악가, 천재적인 화가, 촉망받는 기획자, 넘볼 수 없는 재능을 갖춘 디자이너 등등. 그런 천부적인 재능을 갖추지 못하면 그냥 지금 하는 일이나 계속해야 한다고 믿는다. 하지만 이미 수많은 연구자가 '천부적 재능'에 대한 우리의 환상을 통렬히 깨부순 지 오래다. 기술은 습득할 수 있다. 향상시킬 수 있다. 변화시킬 수 있다.

따라서 기술은 역량이다. 기술은 체육관에 가야만 발전시킬 수 있는 재능이다. 기술은 열심히 노력해야만 그것을 발굴하고 더 잘할 수 있는 후천적인 재능이다.

여기서 '자신감'과 '기술'을 혼동하면 안 된다. 나는 자신감이 충만한 사람을 높이 평가하지만, 미용실에서 일하는 사람이 기술 대신 자신감만 갖추고서 가위를 들기를 바라지는 않는다. 대학생 시절 내 룸메이트가 돈을 좀 아껴보겠다고 정체불명의 미용실에 가서 자격이 의심스러운 미용사에게 머리를 맡겼다. 그는 이 비용 절감 실험장에서 머리 위쪽은 짧고 양옆은 긴 요상한 머리를 하고 돌아왔다. 그가 그런 머리를 원했을까? 확실한 것은 그가 두 번 다시 그 미용실에 가지 않았다는 사실이다. 그래서 기술이 중요하다. 인맥, 인성, 추진력이 아무리 뛰어나도 기술이 없다면 축구화를 신은 마이클 조던이 된다.

2부에서는 우리가 생각보다 많은 기술을 지닌 이유를 볼 것이다. 그리고 사소한 기술에 통달하는 방법, 시대에 뒤처지지 않는 방법, 새로운 기술을 찾아내는 방법 등을 알아볼 것이다. 기술은 경력의 한계에 부딪혀 앞으로도 뒤로도 움직일 수 없는 최악의 상황에서 그 천장을 부술 망치가 되어줄 것이다. 그리고 당신의 몸값을 높일 가장 확실한 명분이 되어줄 것이다.

내 기술이
뭔지 모르겠어요

특별해지고 싶은 사람은 많다. 하지만 그러기 위해 노력하는 사람은 없다.

- 독일의 작가 요한 볼프강 폰 괴테

일과 경력에 관해 고민이 많은 사람과 커피를 마실 기회가 생긴다면 나는 영화 「테이큰Taken」의 주인공 밀스(리엄 니슨 분)의 대사를 인용하면서 이렇게 물어볼 것이다. "당신에게는 어떤 기술이 있나요?"

그러면 당신은 이렇게 답할 것이다.

하나, 내 기술이 뭔지 잘 모르겠어요.

둘, 별로(하나도) 없어요.

첫 번째 대답은 이 질문에 대해 한 번도 생각해보지 않아서 나온 대답이다. 직원들에게 자가 기술 평가서를 요구하는 회사에 다닌 적이 있다. 나는 평가서를 작성하는 동안 쓸데없는 의심('아니, 내가 이런 기술을 갖추고 있다고?')을 떨칠 수 없었지만, 생각보다 내가 너무 멋진 사람이 된 것 같아 기분이 좋아졌다. 나와 동료들은 그 평가서에 따라 연봉이 달라진다는 사실을 잘 알고 있었기 때문에 최선을 다해 서류를 작성했다. 하지만 내가 가진 기술들을 분류해 목록으로 정리하는 일은 생각만큼 쉬운 게 아니었다. 동료들과 나는 머리를 긁적이며 우리가 지녔다고 믿는 기술의 숙련도를 숫자로 치환해 적어나갔다. 그때 우리가 적었던 기술과 점수는 정말 우리가 지닌 기술을 제대로 측정한 결과였을까? 나는 아니라고 생각한다.

두 번째 대답은 아마도 당신이 인간이기 때문에 나온 대답일 것이다. 무슨 말이냐고? 인간은 자신이 일상적으로 해오던 일을 '기술'이라고 인식하지 못한다. 아니, 애초에 기술이라고 보기 어려운 일만 한다. 베스트셀러 작가이자 마케팅 전문가 로이 윌리엄스Roy H. Williams 는 이렇게 말했다. "병 안에 있으면 라벨을 읽기가 어렵다." 우리는 우리가 하는 일을 기술이라고 여기기보다 그냥 먹고살기 위해 늘 하는 일 정도로만 생각한다.

내가 이 두 질문을 던진 이유는 당신이 이미 가지고 있는 기술을 스스로 깨닫길 바라기 때문이다. 지금 나는 메모지를 꺼냈다. 지금부터 당신과 내가 무슨 작업을 할지 알고 있겠지? 이제 곧 우리는 꿈을 꾸는 것과 실행하는 것 사이의 문턱을 다시 한번 넘을 예정이다.

우리는 기술을 '더 많이' 습득하는 데 집착하는 경향이 있다. 이런 태도는 우리를 꿈꾸게 해준다. 꿈을 꾸는 일은 즐겁다. 미래의 결과에 대해 이야기하는 건 흐뭇하다. 반면 우리는 이미 갖고 있는 기술에 대해선 지나치게 엄격하다.

'이 정도 기술은 남들도 다 갖고 있을 거야.'

'이걸로 내가 할 수 있는 일은 거의 없어.'

하지만 내가 강조하고 싶은 핵심은 후자다. 자, 지금부터 당신이 확보한 기술을 목록으로 만들고 그중에서 부족한 기술과 향상시키고 싶은 기술이 무엇인지 확인하라. 작성하는 방법은 우리가 앞에서 '우리가 아는 모든 사람'의 명단을 정리했을 때와 같다. 그때는 당신의 몸값을 높여줄 사람들의 이름을 적었다. 이번에는 좀 더 세세한 기록이 필요하다.

⟳ 1단계: 아이디어를 적어라

내 책상 위에는 종이 뭉치가 놓여 있다. 그중 하나에는 이런 단어가 쓰여 있다.

Naps(낮잠).

무슨 뜻인지 전혀 모르겠다. 여기서 핵심은 뭐라고 적든 내용은 중요하지 않다는 것이다. 나는 당신의 카드가 완벽하기를 바라는 게 아니다. 일단 적어라. 당신이 적고 싶은 기술을 마음껏 자유롭게 적어라. 내가 '마음껏 자유롭게'라고 말한 것은 우리가 어렸을 때부터 모든 일에 신중하라고 배워왔기 때문이다. 우리는 어른이 되는 길목의 어딘가에서 꿈에 대해 입을 닫기로 마음먹었다. 소방관이나 우주비행사가 되고 싶은 희망을 접고 확실하고 예상할 수 있는 것에 만족하게 되었다. 월요일은 지겹고 두려운 날이라는 거짓말을 믿기로 했다.

1단계에서는 양이 중요하다. 메모지 하나에 기술 하나씩, 생각해낼 수 있는 만큼 많은 기술을 적어라. 지금은 편집하는 시간이 아니다. 많이 만드는 게 중요하다. "이건 좀 아닌가?"라고 반문하지 마라. 그럴 수도 있지만 상관없다. 내가 바라는 건 지금 당신이 가진 모든 기술을 메모지 한 장에 하나씩 써넣는 것이다. 괜히 하나에 여러 개를 쓰려고 애쓰지 마라.

이제 마음의 준비가 됐다면 질문 단계로 넘어가자.

1. 무슨 일을 잘하는가?

겸손은 집어치워라. 지금은 겸손할 때가 아니다. 전장에서 유유히 걸어 나오는 영웅처럼 당당하게 행동할 때다. 당신이 끝내주게 잘하는 일은 무엇인가? 눈이 번쩍 뜨이는 마케팅 제안서 작성하기? 너무 복잡해서 아무도 손대지 못하는 엑셀 수식 해석하기? 누구보다 빠르고 정확하게 택배 상자 포장하기? 현재 당신이 하고 있는 일에만 한정하지 마라. 과거로 돌아가라. 유능한 신문 배달원이었다면 '정시 배달'이라고 적어라. 단 한 번도 손님과 싸우지 않고 밤새 편의점을 지켰다면 '미소 짓기'라고 적어라. 우리가 인맥을 다루면서 가벼운 관계까지 빠뜨리지 않고 챙겼던 이유는 그것들이 나중에 어떤 결과를 가져올지 전혀 예측할 수 없었기 때문이다. 기술도 마찬가지다. 그러니까 모조리 찾아라!

2. 무슨 일을 할 때 가장 마음이 편안한가?

이 질문의 목적은 너무 자연스러워져서 스스로 기술이라고 생각해본 적도 없는 '무언가'를 찾는 것이다. '아, 이것도 기술이야?' 같은 기술 말이다. 당신은 그 일을 누구나 할 수 있다고 생각하지만 사실은 그렇지 않다. 동창 모임이나 부서 회식 때마다 누가 시키지도 않았는데 회비를 걷어 모자라지도 넘치지도 않게 잔액을 유지한다면, 당신은 이미 사업을 추진하고 비용을 절감하는 유능한 총무의 자질을 갖췄다는 증거다. 당신에게는 너무나 자연스러운 일이지만 다른 사람들은 엄두도 못 내는 어려운 일이다. 그 일이 당신에게 쉽다고 해서 기술이 아니라고 생각하면 안 된다.

3. 돈을 받고 할 수 있는 일이 무엇인가?

일을 한 번이라도 해봤다면 이 질문을 통해 최소한 메모지 서너 장은 채울 수 있을 것이다. 제일 좋았던 직장에서 어떤 책임을 맡았는가? 메모지 하나에 기술 하나를 적어라. 예를 들어, 소프트웨어 실행에 대한 품질 관리를 담당했다면 '품질 관리'라고 적으면 된다.

4. 무엇이 두려운가?

당신이 느끼는 두려움에는 중요한 기술이 많이 숨어 있다. 열정이 클수록 두려움도 커지기 때문이다. 당신이 몇 년 동안 의식적으로 피해 온 두려운 일이 있는가? 그런 걸 적어라.

나라면 '글쓰기'를 적을 것이다. 내가 천직이라고 생각하는 일을 하는 게 두렵다니 우습지 않은가? 이 질문이 직관에 반하는 것처럼 느껴지는 이유는 자신의 꿈과 기술을 알아내려고 할 때 우리는 보통 "내가 좋아하는 일이 뭘까?"라고 묻기 때문이다. 물론 나도 이 질문이 중요하고, 이 장에서 던져볼 수 있는 질문이라고 생각한다. 하지만 사람들은 종종 정말 중요한 일일수록 그 일을 더 두려워하는 경향이 있다. 나도 물론 그랬다. 스스로에게 정직해지자. 당신은 정말 사람들 앞에서 말하는 게 두려운 것인가, 아니면 남들은 모르지만 정말 잘하고 싶은 일인데 제대로 해내지 못할까 봐 두려운 것인가?

5. 전자책을 쓴다면 주제를 무엇으로 정하겠는가?

돈은 없는데 시간은 넘쳐난다. 이제 곧 통신비며 월세며 납입 기한이 도래한다. 퇴직금도 다 써버렸고 냉장고엔 먹을 것도 없다. 이 상황을 타개할 유일한 방법은 당신만의 노하우를 집대성한 32쪽짜리 전자책을 쓰는 것이다. 열흘 일정의 출장에서 입을 옷들을 수박보다 조금 작은 배낭에 마치 마법사처럼 정리하는 기술을 알고 있는가? 신제품 출시를 앞두고 참신한 마케팅 아이디어를 내놓아 사람들을 놀라게 한 적이 있는가? 회사 뒤뜰에서 나무 판자로 뚝딱뚝딱 요긴한 물건을 만들면서도 그게 늘 한심한 취미라고 생각하지는 않았는가? 오늘 반드시 전자책을 써야 한다면 주제를 무엇으로 하겠는가? 세 권을 써야 한다면 그 시리즈를 어떤 내용으로 채울 것인가?

↻ 2단계: 패턴을 찾아라

당신이 가진 기술을 다 적었다면 이제 슬슬 감이 오기 시작했을 것이다. 기술 간의 연관성이 보이는가? 그것들은 물론 서로 직접적으로 연관은 없겠지만, 한 걸음 뒤에서 조망해보면 사촌뻘은 될 것이다.

유사점이 보이는 기술을 하나로 묶어라. 각각의 기술을 한눈에 볼 수 있도록 당신만의 방식으로 분류하라. 메모지를 겹쳐놓는 방법은 추천하지 않는다. 맨 위에 적힌 기술을 제외한 나머지 기술은 한눈에 확인할 수 없어 중요한 맥락을 놓칠 수도 있기 때문이다. 당신이 가장 보기 쉬운 방법으로 분류하라. 예를 들어, '내가 좋아하는 기술', '돈을 많이 벌 수 있는 기술', '더 향상시키고 싶은 기술', '오랫동안 쓰지 않았던 기술' 등으로 구분하는 것도 방법이다.

당장 패턴이 보이지 않는다고 걱정할 필요는 없다. 이런 작업이 처음이라면 아직 서툰 게 당연하다. 당신에게 가장 잘 통하는 방식으로 이 작업을 변형하라. 이 과정이 완벽할 필요도 없다. 사실 나는 완벽하지 않으면 좋겠다. 처음 패턴을 찾을 때는 몇 분이면 충분하다. 그리고 그대로 놔둬라. 어차피 우리의 기술을 연결하고 축적하는 작업은 평생에 걸쳐 지속될 일이다.

　이 메모지 뭉치를 평소 눈에 잘 띄는 곳에 놔두자. 몇 개의(혹은 대부분의) 아이디어는 아직 막연할 것이다. 아이디어가 우리 머릿속으로 걸어 들어와 자기가 왔다고 알리는 경우는 없다. 우리가 먼저 그들을 낚아채야 한다. 좋은 아이디어는 무언가를 반복할 때 어느 순간 번쩍 떠오른다. 주머니에도 몇 개씩 집어넣자. 남들 눈에는 좀 이상하게 보일 수 있지만 아이디어를 놓치지 않으려고 영리하게 구는 당신을 이상하게 보는 그 사람이 멍청한 것이다. 스마트폰을 활용할 수도 있다. 하지만 기억하라. 손으로 글씨를 쓰는 물리적인 행위에는 신비한 힘이 깃들어 있다는 것을.

　'패턴 찾기'라는 목표를 세우고 나면 당신이 가진 기술들의 관계도가 좀 더 명확하게 보인다. 예를 들어 당신이 열 가지 기술을 적었는데 그중에서 아홉 가지가 '현재의 직업에 사용하지 않는 기술'로 분류된다면 그 문제는 바로잡을 필요가 있다. 그 기술을 더 많이 사용할 일자리를 구하거나 지금 하고 있는 업무에 그 기술들을 더 많이 쓸 방법을 찾아야 한다. 둘 다 아니라면 그 업무에 필요한 새로운 기술을 배워야 한다.

　메모지에 적은 기술이 두 가지뿐이고 그마저도 그다지 매력적이지 않다면, 이제 친구에게 전화를 걸 때가 됐다. 친구와 커피를 마시면서 단도직입적으로 물어보라. "내가 가진 기술이 뭐라고 생각해?" 처음에 그 친구는 진지하게 받아들이지 않겠지만 금세 말귀를 알아듣고 당신이 깜박하고 못 적은 기술을 알려줄 것이다. 이 대화는 틀림없이 우리에게 큰 도움이 되겠지만, 엎드려 절 받는 것 같아 무척 어색하고 민망할 것이다. 어쩔 수 없다. 감수하라. 당신은 무언가를 잘한다. 아닌 척하는 건 시간 낭비다.

메모지에 우리의 기술을 적고 패턴을 찾는 이유는 다음 두 가지를 얻기 위함이다.

하나, 희망.
둘, 절망.

첫 번째는 간단하다. 내 몸값을 높여 더 좋은 일자리로 도약하기 위해선 엄청난 '희망'이 필요하다. 이런 여정을 시작할 때는 특히 더 의기소침해지고 스스로를 과소평가하기 때문이다. 부디 당신의 기술 목록이 손 안에 묵직하게 쥐어질 만큼 두둑하게 모아졌기를 바란다. 그리고 그 종이 뭉치를 바라보며 당신이 생각보다 더 나은 사람이라는 용기를 얻기 바란다.

자, 이번에는 반대로 '절망'이 필요하다. 더 나은 직장으로 이직하기 위해선 어떤 기술이 필요할까? 지금 하는 일을 더 잘하고 싶다면 어떤 기술을 더 숙달해야 할까? 어떤 질문을 던지든 당신은 기술을 연마해야 한다. 어쩌면 당신은 절망에 빠질지도 모른다. '내가 고작 이것밖에 안 됐다니!' 마음속으로 소리를 지를지도 모른다. 받아들여라. 지금이라도 절망을 겪어서 다행이다. 정말 중요한 순간에 스스로의 텅 빈 내면을 쳐다보며 울부짖는 것보다는 낫지 않은가?

당신이 보유한 기술의 현황을 확인하고 나면, 당신에게 어떤 기술이 부족한지 그리고 새 일자리를 얻거나 경력의 천장을 부수는 데 어떤 기술이 필요한지를 정확하게 파악할 수 있을 것이다.

지금 바로 시작해!

- ✗ 인맥은 경력 전환의 첫 관문을 돌파하게 해주고 기술은 뻥 뚫린 도로 위의 질주를 책임진다.
- ✗ 당신은 생각보다 많은 기술을 지니고 있다. 그 기술을 최대한 많이 생각해내라. 그리고 당신만의 패턴을 찾아라.
- ✗ 내면의 두려움에 주목하라. 당신이 두려워하는 '그 일'은 당신이 정말 미흡하고 서툴러서 두려운 것인가, 아니면 더 잘하고 싶은데 그 내면의 기대에 부응하지 못할까 봐 두려운 것인가?
- ✗ 메모지에 쓸 기술이 더 이상 생각나지 않으면 친구와 저녁 약속을 잡아라.

회사에서 몸값을 높이는 가장 확실한 방법 **10**

시작하게 만드는 힘이 동기라면 계속 나아가게 만드는 힘은 습관이다.

- 소니 전 CEO 짐 라이언

당신이 정의하는 '기술'은 무엇인가? 첫째, 학위를 받아 전문성을 인정받은 것. 둘째, 이력서에 당당히 쓸 수 있는 것. 셋째, 10년 이상 갈고닦아 몸에 밴 것.

　정말 이런 것들만 기술일까? 우리의 일을 재탄생시켜 새로운 경력으로 도약하기 위해서는 우선 기술의 의미를 새롭게 정의할 필요가 있다. 그렇다면 기술의 새로운 정의가 뭘까?

모든 것이 기술이다.

직장에서 하는 모든 일이 기술이다. 경력 기술서나 이력서에 쓸 수 있는 기술이 다가 아니다. 중요한 미팅에서 상사의 고개를 절로 끄덕이게 만드는 활약이 전부가 아니다. 다시 말하지만, 모든 것이 기술이다.

당신이 휴게실에서 사람들과 이야기하는 방법이 기술이다. 프린터에 종이가 걸렸을 때 당황하지 않고 종이를 빼내는 것도 기술이다. 동료의 생일을 기억하는 것도 기술이다. 업무용 차량을 항상 깨끗한 상태로 유지하는 것도 기술이다. 받은 편지함을 체계적으로 관리하는 것도 기술이다. 아침마다 큰 소리로 동료에게 인사하는 것도 기술이다. 상사의 지시를 잊지 않고 기억하는 것도 기술이다.

사소하고 하찮다고 느끼는 작은 기술이 모여 큰 경력을 만든다. 사소한 기술은 은행의 복리이자다. 푼돈을 천천히 차곡차곡 모으는 건 시시해 보인다. 하지만 시간이 지나 이자가 쌓이기 시작하면 그 합은 생각보다 훨씬 크다. 우리가 평소에 무시하고 지나치는 사소한 기술도 마찬가지다. 이런 기술은 화려하지 않다. 대개는 재밌지도 않다. 하지만 작은 기술을 무시하고 크고 빛나는 기술에만 집착하면 두둑한 경력통장을 만들 수 없다.

새로운 기술을 배우는 일은 쉽지 않다. 그래서 처음에는 좀 겁이 날 것이다. 그런데 만약 우리가 매일 하는 일을 조금만 개선해서 기술로 만들 수 있다면 어떨까? 이것이 사소한 기술의 힘이다. 그런 기술은 눈에 잘 띄지 않는다. 그래서 대부분 못 보고 그냥 지나친다. 시간이 지나 그 기술이 낡고 볼품없어질 때까지 그냥 내버려둔다.

내 직장생활 초창기 7년 중에 누군가 내게 이 단순한 진리를 알려줬다면 얼마나 좋았을까. 그 7년 동안 내가 만났던 모든 상사도 나와 같은 심정이었을 것이다. 나는 대학만 졸업하면 자동으로 꿈의 직장을 얻을 줄 알았다. 하지만 현실은 그렇지 않았다.

대학을 갓 졸업한 사회초년생은 일을 어떻게 하는지 모른다. 회사에서 그들은 정장만 입혀놓은 대학생에 불과하다. 일상적인 회의에서조차 땀을 뻘뻘 흘리며 실수를 남발한다. 출근하는 법과 퇴근하는 법까지 가르쳐줘야 할 판이다. 우리의 일터에는 의식적으로 배워야 할 사소한 기술이 너무 많다.

지금부터 내가 알려주는 팁을 잘 새겨듣고 나를 장기적인 지지자로 활용하기 바란다. 이제 막 입사를 했든 경력 15년 차에 몇 가지 나쁜 습관을 들였든 우리는 이런 사소한 기술을 잘 닦아놓을 필요가 있다. 우선 제일 쉬운 것부터 시작하자.

↻ 매일 정시에 출근하면 벌어지는 일

인터넷에 "사람들이 왜 해고를 당할까?"라고 검색하면 너무 뻔하거나 어이없는 이유가 무작위로 올라온다. 직장에서 마약을 해서 해고당했다는 답변도 있다. 하지만 해고 사유에 빠지지 않고 등장하는 게 하나 있다.

잦은 결근.

경력 전문가들은 사람들이 출근을 안 해서 해고를 당한다는 사실에 한탄한다. 따라서 우리가 해야 할 사소한 기술 단련의 시작은 '출근'이다. 너무 짧아서 황당할지 모르겠지만, 아무튼 축하한다. 당신은 이미 한 가지는 잘하고 있는 것이다. 그렇다면 이제 새로운 기술을 배울 차례다. 이미 가진 기술을 단련하라. 여기에서 당신의 추진력이 필요하다. 결근하지 말고 '제시간'에 회사에 도착하라. 누구나 할 수 있는 일이다.

하지만 그래도 못 하는 사람이 있다. 어떤 사람은 거짓 병가를 너무 많이 쓴다. 어떤 사람은 매일 지각을 한다. 어떤 사람은 연차를 남용한다. 어떤 사람은 날마다 외근을 나갔다가 집으로 퇴근한다. 그 '어떤 사람'이 되지 말자.

유명한 요리사이자 CNN 뉴스 진행자 앤서니 보데인Anthony Bourdain은 자신이 들어본 것 중에서 최고의 조언이 무엇이냐는 질문에 이렇게 대답했다. "시간 약속을 지키세요. 모든 일의 기본이죠." 점심시간이 한 시간이라면 한 시간 안에 점심을 먹어라. 출근 시간이 11시라면 11시에 일을 시작하라.

너무 간단하고 당연해서 모욕적으로 느껴질지도 모르겠다. 하지만 우리는 누구나 위에 언급한 것들로 힘겹게 싸우는 사람과 함께 일을 해봤다. 우리 주변에는 내가 방금 말한 모든 미션이 획기적인 것이라고 생각하는 동료가 있다. 지각을 안 하는 것이 하는 것보다 더 놀라운 직원이 부서마다 한두 명은 있다. '지각 안 하고 출근하기'라는 미션은 생각보다 쉽지 않다.

당신의 경력을 작은 승리로 시작하고 싶다면 많은 사람이 놓치고 있는 사소한 기술을 통달해 큰 경력을 쌓아라. 일단 정시에 출근하는 것부터 시작하라.

↻ 회사의 '통화'와 당신의 '기술'을 연결하라

내 형은 변호사다. 그가 하는 일은 상담 시간에 따라 비용이 청구된다. 따라서 고객에게 비용을 청구할 수 있는 상담 시간이 쌓이지 않으면 회사에서 그를 고용한 이유에 의문을 품기 시작할 것이다. 즉, 그의 상담 시간은 그가 회사에 얼마나 '교환가치'를 더하고 있는지 쉽게 확인할 수 있는 판단 기준이 된다. 만약 벽돌을 굽는 일을 한다면 한 시간 동안 몇 장의 벽돌을 굽는지가 그 사람의 교환가치일 것이다. 하지만 대부분의 일은 그 정도로 딱 떨어지는 기준이 없다. 특히 손에 잡힐 만한 구체적인 성과가 거의 드러나지 않는 사무직 업무가 그렇다.

하지만 모든 일에는 화폐를 대용할 수 있는 '통화Currency'가 있기 마련이다. 대기업 직원이든 작은 벤처기업 직원이든, 아니면 프리랜

서로 일하고 있든 거기에는 일정한 '가치 체계'가 존재한다. 그 일에 가장 핵심이 되는 무언가가 있다. 홈디포에 다닐 때 내가 맡았던 직책의 통화는 '설득력 있는 광고 문안을 작성해 제시간에 홍보 부서에 전달함으로써 상사가 원하는 성과를 내는 것'이었다.

벽돌공의 일만 교환가치를 측정할 수 있는 것이 아니다. 우리의 모든 일에는 측정 가능한 통화가 있다. 그러므로 우리는 반드시 스스로에게 이런 질문을 던져야 한다. "지금 나는 회사에 어떤 교환가치를 더하고 있는가?"

이런 질문을 한 번도 해본 적이 없다면 좀 더 쉬운 질문부터 던지자.

"이 회사의 통화는 뭐지?"

사우스웨스트Southwest 항공사 직원이라면 "저렴한 비용으로 고객에게 높은 품질의 비행 경험을 제공하는 것"이라고 대답할 수 있을 것이다. 회사의 통화가 뭔지 알았다면 다음 질문은 이것이다. "내 직책의 통화는 뭐지?" 다른 말로 바꾸면 이렇다. "회사 전반의 통화에 교환가치를 더하려면 내가 매일 하는 일을 어떻게 하면 되지?"

라스베이거스에 가는 비행기를 탔을 때였다. 기체가 급강하하기 직전 한 승무원이 기내방송으로 알렸다. "우리 비행기는 지금 파티의 도시를 향하고 있습니다. 그래서 우린 파티를 조금 일찍 시작해볼까 합니다." 방송이 끝나자 그와 그의 동료들이 상자에 가득 든 사탕 더미를 허공에 뿌렸다. 그 순간 기체가 가파르게 기울면서 수많은 사탕

이 공중을 획획 날아다녔다. 승객들은 그 장면을 보고 신나게 웃으며 환호했다. 그들은 '재미'라는 사우스웨스트 항공의 통화에 기여했다.

당신 직책의 통화와 회사의 통화를 묻는 질문에 좀처럼 답을 찾을 수 없다면 미친 척하고 상사에게 물어보라. "어떻게 하면 제가 이 회사에 꾸준히 교환가치를 더할 수 있을까요?" 아마 "안 돼! 이 회사를 위해서 일을 더 잘하고 싶다고? 이 괴물 같은 놈!"이라고 대답하는 상사는 없을 것이다. 오히려 더 나은 직원이 되려고 애쓰는 모습에 감동할 것이다.

내가 이 두 질문을 좋아하는 또 다른 이유는 이 질문들이 괴상한 특권의식을 해독해주기 때문이다. 처음 직장생활을 하는 몇 년 동안 나는 "내가 회사에 교환가치를 더하고 있나?"라고 묻지 않고 "이 회사가 내게 교환가치를 더해주고 있나?"라고 물었다. 회사와의 관계를 거꾸로 인식하고 있었던 셈이다. 회사가 내 삶의 질을 높여주기를 요구하고 그 요구가 관철되지 않자 나는 곧바로 회사를 적으로 돌리고 내가 하는 일을 고통으로 간주했다.

이런 태도는 콘퍼런스에 가고 싶어 하는 직원들에게서 자주 볼 수 있다. 그들은 일단 휴가지를 고르듯 라스베이거스나 샌프란시스코 같은 콘퍼런스 개최지를 고른다. 항공료와 등록비, 호텔 숙박비 등의 경비는 회사에 청구한다. "자네가 거기 참석하는 게 자네 부서의 교환가치를 얼마나 높이겠나?" 같은 질문을 받으면 화가 나서 펄쩍 뛰며 이렇게 외칠 것이다. "저는 지금 일하러 가는 건데요!"

만약 지금 일자리를 구하는 중이라면 지원하려는 회사의 교환가치가 무엇인지, 그들이 통용하는 통화가 무엇인지 반드시 확인하라. 그 회사 직원들에게 물어보지는 못해도 인터넷으로 조사는 할 수 있을 것이다. 그 회사에서 가장 중요하게 생각하는 '통화'와 당신의 '기술'을 일치시켜 놓으면 채용 과정에서 당신은 단연 돋보일 것이다.

지금 다니는 회사에서 연봉을 높이고 싶은가? 그 회사의 '통화'가 무엇인지 확인하라. 그리고 그 통화에 기여할 방법을 찾아 당신의 '일'과 연결하라. 이것이 회사에서 우리의 몸값을 높이는 가장 확실한 방법이다.

↻ 태도의 주인 되기

나는 해고당한 경험이 있다. 한 점의 의심도 없이 직접적인 원인은 내 태도였다. 회사에 다녀주는 것만으로도 나는 엄청난 호의를 베푸는 일이라고 생각했다. 특권의식에 사로잡힌 나는 회사를 경력에 대한 내 욕망을 채워주는 곳 이상으로 여기지 않았다. 일은 언제나 가슴을 뛰게 만들 정도로 흥미진진해야 하고, 그런 일을 하면 기운이 나는 게 당연하다고 생각했다. 왜냐하면 적어도 나 정도 되는 인재는 그렇게 일할 자격이 충분하다고 생각했으니까.

회사가 내 요구를 충족시켜주지 않자 일이 지루해졌고 일이 지루해지자 좌절했고 몇 개월 있다가 해고당했다. 보통 이런 식이다. 나쁜 태도는 당신이 하는 모든 일에 반영된다. 사소한 기술이든 대단한 기술이든 이 특수한 독으로부터 안전한 기술은 없다. 이런 고약한 태도는 우리의 경력 전체를 망가뜨릴 힘이 있다. 특권의식은 당신의 기술뿐 아니라 추진력에도 큰 상처를 입힌다. 목표에 도달한 것처럼 행동하는 순간 열심히 하려는 마음이 사라진다.

당신의 일을 즐겁게 만드는 것은 회사의 일이 아니다. 당신의 일이다. 월요일을 구원하는 것은 회사의 일이 아니다. 당신의 일이다. 의미 있는 경력을 쌓는 것은 회사의 일이 아니다. 당신의 일이다. 당신의 태도는 회사가 아니라 당신이 책임져야 한다. 태도는 '선택'이고 '결정'이다. 당신이 오늘 회사에서 어떤 태도를 취할지 선택하고 결정하는 것이다. 그러니 핑계 대지 마라.

일에 대한 우리의 태도가 어떤지 가장 빨리 확인할 수 있는 방법은 친구에게 물어보는 것이다. 자기 일을 증오하는 친구에게 조언을 구하는 건 멍청한 짓이다. 그런 친구는 이렇게 이야기할 것이다. "네 태도야 나무랄 것 없이 훌륭하지. 문제라면 네가 머저리들과 같이 일한다는 거지."

곤란한 대답이라도 서슴없이 할 수 있는 정직한 친구를 찾아야 한다. 정곡을 찌르는 질문을 할 수 있는 지지자가 있다면 더 좋다. 훌륭한 조언을 경청하며 겸허한 자세로 실천하라.

태도도 기술이다. 따라서 태도는 바꿀 수 있다. 태도는 더 좋아질 수 있다. 그 시작은 당신이 더 좋은 태도의 주인이 되는 것이다. 당신의 태도는 당신의 일진, 당신이 다니는 직장, 당신의 근무 환경, 당신의 동료가 아니라 바로 당신이 결정한다. 태도의 주인이 되어라. 더 나은 일자리를 원한다면 더 나은 태도로 시작하라. 새로운 일자리를 원한다면 새로운 태도로 시작하라. 꿈을 좇고 싶다면 그 꿈에 어울리는 태도로 시작하라. 더 높은 몸값을 받고 싶다면 더 좋은 태도로 시작하라.

태도는 모든 일에 영향을 미친다. 그러니 태도에서 시작하라.

↻ 눈에 보이지 않는 기술들

앞에 사소한 기술 세 가지는 벌써 통달했다고? '출근'보다 도전적인 과제를 하고 싶어서 몸이 근질근질하다고? 멋지다. 그렇다면 내가 15년 동안 사무실에서 터득한 아홉 가지 기술과 그 기술을 현실에 적용한 사례를 알려주겠다. 이것도 너무 쉬워 보인다고? 얕보지 마라. 직장 경력 20년이 넘는 베테랑들도 이 '쉬운 기술'을 제대로 써먹지 못해 고전하다 결국 더 높은 곳으로 올라서지 못한다.

1. 기대치를 넘기는 기술

시간이 남았다면 업무와 연관성이 있는 다른 일을 찾아라. 상사가 40시간 이상 걸릴 것이라고 예상했던 일을 25시간 만에 끝내는 것은 단순히 15시간을 버는 것에 그치는 게 아니다. 다른 일을 더 할 수 있는 15시간이 생기는 것이다. 내가 아는 한 젊은 변호사는 자기 회사 파트너들에게 그들이 맡은 사건 중에서 진저리가 날 만큼 형편없고 엉망인 사건을 자기가 도울 수 있는지 묻는 습관을 들였다. 그런 습관 덕분에 그는 변호사로서의 역량을 키웠을 뿐만 아니라 고객들에게 힘 든 일도 마다하지 않는 성실한 변호사라는 인상을 심어주었다.

2. 절충하는 기술

상사가 주차에 서툴다면 그를 위해 회사 주차장의 가장 좋은 자리를 양보하라. 머그잔에 커피 마시는 걸 좋아하는 동료와 커피를 마실 때 는 머그잔을 사용하라. 사소한 것에 집착하지 말고 실리를 챙기자. 쓸 데없는 권력 투쟁에 끼어들면 언제나 손해를 보는 것은 당신이다.

3. 고마움을 표현하는 기술

구내식당에서 먹는 공짜 점심의 질에 대해 불평하지 마라. 회사가 공 짜로 사주는 점심이다. 항상 감사하라.

4. 다른 사람을 배려하는 기술

휴게실 전자레인지로 함부로 음식물을 데우지 마라. 동료 직원들에 게 "취두부를 싸왔는데 냄새가 하나도 안 나"라고 거짓말하지 마라. 난다.

5. 정말 중요한 것에 집중하는 기술

당신이 단 직함의 질이 아니라 당신이 하는 일의 질만 생각하라. 직 함의 질은 명함에 찍혔을 때 보기 좋지만, 일의 질은 당신의 경력을 드러낼 때 진가를 발휘한다.

6. 적절한 타이밍을 잡는 기술

금요일 오후 5시에 최고의 창의성을 요구하는 회의 일정을 잡지 마라. 사람들은 창의성을 발휘해 갖은 핑계를 대고 회의실에 나타나지 않을 것이다.

7. 만족하는 기술

업무 환경에 대해 쉴 새 없이 불평을 늘어놓지 마라. '너무 밝네', '너무 어둡네', '너무 춥네', '사무실에 시나몬 냄새 같은 향이 좀 나면 좋겠네'. 기억해야 할 간단한 규칙이 있다. "사무실에 코브라가 사는 것만 아니면 다 괜찮아."

8. 회사 장비를 소중히 여기는 기술

회사에서 당신에게 휴대전화, 아이패드 혹은 컴퓨터를 줬다고 해서 당신이 그 물건들의 주인이 된 것은 아니다. 상사에게 말하고 싶지 않은 웹사이트를 서핑하거나 팀원들이 알면 안 되는 프로그램을 회사 컴퓨터에 설치하지 마라.

9. 배움을 멈추지 않는 기술

회사에서 지원하는 교육비가 있다면 남기지 말고 다 활용하라. 그 비용은 쓰지 않으면 사라진다. 회사가 당신을 더 능력 있는 직원으로 키우기 위해 돈을 쓰고 싶어 한다면 기꺼이 그렇게 해줘라.

좀 아쉽지만 아홉 가지가 끝이다. 강박장애 때문에 열 가지를 꼭 채워야 직성이 풀리겠다면 여기 있다.

"프린터에 종이가 다 떨어지면 누군가 채우겠지 생각하지 말고 직접 A4 용지 포장지를 까서 종이를 트레이에 넣어라."

눈치챘겠지만 여기서 몇 가지 기술은 인성과 겹치는 부분이 있다. 잘 갈고닦은 기술은 언젠가 인성의 일부로 자리 잡는다. 예를 들어 고마움을 표현하는 기술을 반복하다 보면 어느 시점에 의도적으로 신경 쓰지 않아도 저절로 감사하는 마음으로 살게 된다. 그러니 이 사소한 기술들이 당신의 일부가 될 때까지 반복하라.

지금 바로 시작해!

- ✕ 모든 기술의 근본은 '정시 출근'이다. 사소하다고 무시하던 작은 기술이 모여 당신의 경력을 만들고 몸값을 결정한다.
- ✕ 당신이 속한 업계, 회사, 부서에서 가장 중요한 통화가 무엇인지 이해하라.
- ✕ 태도도 기술이다. 더 나은 일자리를 원한다면 더 나은 태도를 선택하라.

11

모르면
모른다고 말해

난 제일 먼저 시작하는 사람이 되는 게 좋다. 모두를 바라보며 이렇게 말하는 순간이 좋다. "어떻게 하는 건지 도무지 모르겠네요. 제가 한번 알아보죠."

- 미국의 가수 저스틴 팀버레이크

세상에는 팀버레이크 같은 사람들이 더러 있다. 그들은 새로운 도전에 직면하면 소매를 걷어붙이고 힘차게 숨을 내뱉은 뒤에 곧바로 일에 돌입한다. 그리고 어느새 얼굴에 미소를 지으며 경쾌한 휘파람으로 기운을 북돋우면서 시간 가는 줄 모르고 일에 몰입한다.

전혀 다른 경력을 지닌 세 사람 옆에 무려 36시간 동안 앉게 될 일이 있었다. 그들은 하나같이 요즘 노동 시장이 얼마나 빠르게 변하고 있는지 이야기했다.

첫 번째 사람은 비행기에서 만난 제약회사 영업사원이었다. 그는 제약업계가 완전히 뒤집어졌다고 말했다. 그가 가장 우려하는 것은 부업으로 회사를 차리는 외과 의사들이 생기고 있다는 사실이었다. 그렇게 돈을 잘 버는 의사들이 부업을? 그는 이렇게 말했다.

"그 사람들은 먹이사슬 꼭대기에 있는 사람들이에요. 일단 그 위에 올라가면 수십 년은 안정적으로 먹고살 수 있었죠. 그런데 그런 사람들까지 부업을 하겠다고 나선 것은 업계 상황이 정말 좋지 않다는 거예요. 의사들이 그 지경인데 저는 어떻겠어요?"

두 번째 사람은 강연이 끝난 뒤 나를 공항까지 데려다준 그래픽디

자이너였다. 그는 자기가 대학에 다닐 때만 해도 디지털 콘텐츠를 디자인할 일이 거의 없었다고 했다. 그런데 정신을 차려 보니 세상이 온통 디지털 콘텐츠로 뒤덮여 있었고, 디지털 작업에 익숙하지 않은 자신이 '공룡'이 된 기분이 들더라는 이야기였다. "예전에는 프로젝트가 있으면 아트 디렉터, 식자공, 사진작가, 그래픽디자이너 등등 수많은 사람의 손을 거쳐야 했어요. 그런데 어느 날 눈을 떠보니 그동안 사람이 해야 한다고 생각했던 일의 대부분을 맥북이 하고 있더군요. 이젠 그게 다 한 사람 일이 된 거죠."

세 번째 사람은 네트워크 엔지니어였다. 그는 무언가에 쫓기는 사람처럼 초조해 보였다. 대기업의 네트워크를 담당하는 그는 이렇게 말했다. "기술이 어떻게 발달하는지 주시하지 않고 딱 한 달만 넋 놓고 지내면 바로 공룡이 되는 겁니다. 조만간 이 일도 사람 대신 인공지능 컴퓨터나 애플이 알아서 해주겠죠. 만약 그때가 되면 저는 컴퓨터 위에 올라가서 절대 안 내려올 거예요."

↻ 나는 당신이 좀 더 잘난 체하면 좋겠다

변화의 속도가 점점 빨라지고 있다. 그런데 그때 그 시절이 좋았다며 한탄하는 공룡들이 있다. 과거에 닻을 내린 채 '늘 하던 방식대로 하는 게 가장 좋다'며 스스로와 동료를 합리화하는 사람들이 아직도 우리 주변에는 많다. 그런 불쌍한 공룡이 되고 싶지 않다면 과거에 내린 닻을 어서 빨리 거두고, 변화의 바람을 담아낼 돛을 달아야 한다. 시대의 흐름에 부응해야 한다. 고용주가 당신을 고용한 이유를 실현해야 한다. 교환가치를 창출해야 한다. 그렇게 하는 최선의 방법은 새로운 기술을 익히는 것이다.

나는 한때 새로운 기술을 배우기보다 양팔 사이에 고개를 푹 처박고선 어떻게든 세상이 마법처럼 제자리로 돌아오기를 바랐다. 새로운 기술이라는 컴컴한 어둠 속으로 선뜻 들어가지 않았다. 오히려 옛 기술의 가장자리에 필사적으로 매달렸다. 새로운 기회가 찾아와 다른 능력을 개발하고 성장하라고 요구해도 나는 어린애처럼 이를 악물고 주먹을 휘저었다. 새로운 기술의 우매함을 열정적으로 외치고 옛 기술의 탁월함을 대담하게 주장했다. 낡은 게 아니라 고전적인 거라고. 새 기술은 유행일 뿐이라고.

과거에 태어났다면 나는 아마 '모델 T'(포드가 1908년에 출시한 세계 최초의 대량생산 자동차–옮긴이)가 쌩쌩 달리는 도로 옆에서 브러시로 말의 털을 빗겨주고 있었을 것이다. 이런 태도는 삶을 받아들이는 태도 중에서 가장 불행한 접근법이다. 새로운 기술은 우리에게 수많은 멋진 기회로 통하는 문을 열어주기 때문이다.

새로 옮긴 회사가 그렇다. 직장을 옮기면 새로운 기술을 배워야 하는 상황이 생기기 마련이다. 그게 단순히 그 회사가 선호하는 새로운 일 처리 방식이라고 해도 말이다. 가령 새 직장에서는 전혀 다른 세무 회계 프로그램을 사용할 수도 있다. 혹은 직원들의 근태를 관리하는 자료를 보관하는 방식이 완전히 다를 수도 있다. 그러면 어떻게 해야 할까?

새 기술을 배워야 한다. 새로운 기술은 우리의 이력서를, 즉 경력을 든든하게 채워주기 때문이다. 당신이 개발자인데 이력서에 '루비 온 레일스'('루비'라는 프로그래밍 언어를 사용하는 오픈 소스 웹 프레임워크-옮긴이)라는 단어를 기재한다면 루비 온 레일스를 다룰 수 있는 직원을 찾는 회사의 문이 당신에게 활짝 열릴 것이다.

새로운 기술은 당신이 지금 있는 그 자리에서도 쓸모가 있다. 혹시 이런 말을 들어본 적이 있는가? "쉬지도 않고 자기 일을 더 잘하는 방법을 계속 배우는 저 녀석 말이야. 볼수록 얄미워 죽겠는데 이번엔 반드시 해고시키고야 말겠어!" 이렇게 말하는 사람은 없다.

무언가를 배운다는 것은 그 자체만으로도 주변에 긍정적인 신호를 준다. 요즘 뜨고 있는 마케팅 툴을 배우겠다고 말만 하고 다녀도, 6주간 진행되는 디자인 워크숍에 등록만 해도, 새 소프트웨어를 가지고 씨름만 하고 있어도, 그냥 그 기술과 관련된 책을 읽는 것만으로도 당신은 이미 회사에 좋은 신호를 보내고 있는 것이다. '나만큼 이 일을 성실하게 맡을 사람은 아마 없을 걸?'

꿈을 좇는 것은 결국 새로운 기술을 배운다는 뜻이다. "난 꿈만 꿀래. 배우는 건 나중에." 이렇게 말하는 사람은 없다. 내가 대중 앞에서 말을 하지 못했다면 강연자가 되지 못했을 것이다. 나는 그 기술을 배워야 했다. 심지어 난 여행하는 법도 잘 몰랐다. 자동차를 렌트하는 것처럼 아주 간단한 일도 직접 해본 적이 없었다. 렌터카를 빌리고 반납하는 일이 별것 아니라고 말할 작정이라면 관둬라. 이 간단한 일도 여전히 불안해하는 사람이 부지기수다. 하지만 나는 이제 그 일을 할 줄 안다. 왜냐하면 '렌터카 빌리고 반납하기'라는 새로운 기술을 배웠으니까.

이렇듯 꿈을 좇는 동안 내가 새로 배운 기술은 아마 천 가지는 될 것이다. 그런데 그 반대인 상황도 있다. 새로운 기술을 배운 뒤에 비로소 꿈을 깨닫는 것이다. 우리 주변에는 생각보다 이런 사람이 많다. 자신에게 어떤 재능이 있는지 모르고 살다가, 우연히 듣게 된 원데이 클래스나 사내 업무 관련 심포지엄에서 무의식 아래 침잠해 있던 꿈을 발견하는 사람들 말이다.

해보지도 않고 뭘 하고 싶은지 어떻게 알 수 있을까? 그건 숲속 오두막에 가부좌를 틀고 앉아서 내 운명의 직업이 나타나기를 기다리는 것과 다를 바 없다. 사실 많은 사람이 꿈에 대해 이런 환상에 빠져 있지만, 그건 말도 안 된다.

2013년 《타임》은 알렉스 아탈라Alex Atala의 사진을 표지에 싣고 그에게 '음식의 신'이라는 별명을 붙였다. 그가 브라질 상파울루에서 운영하는 레스토랑은 2014년 '산 펠레그리노 리스트'(매년 세계 최고의 레스토랑 50곳을 선정한 목록-옮긴이)에서 7위에 올랐다. 아탈라는 요리사가 되기 전부터 자신이 그 길을 가게 될 줄 알았을까? 물론 아니었다. 아탈라는 베를린부터 밀라노까지 배낭을 메고 여러 도시의 나이트클럽을 전전하며 남의 지갑을 슬쩍하다가 불현듯 자신의 천직을 발견했다. 그에게는 세계 최고의 요리사 대열에 합류할 계획이 전혀 없었다.

"그가 주방 일을 시작했던 이유는 유럽에서 브라질인이 얻을 수 있는 일자리가 그것밖에 없었기 때문이다. 그는 그 일을 시작하고 나서야 자기가 칼질에 꽤 소질이 있다는 사실을 깨달았다."

새로운 기술을 배우면 우리의 일과 삶은 새로운 곳으로 옮겨간다. 그것이 바로 새로움의 본성이기 때문이다. 새로움은 우리를 단 한순간도 원래 있던 곳에 놔두지 않는다. 반대로, 새로운 것을 배우지 않으면 과거에 머물 수밖에 없다. 새로운 일자리, 더 나은 일자리, 꿈의 일자리를 원한다면 일단 새로운 기술을 배워라. 그것이 우리의 몸값을 높이기 위해 우리가 할 수 있는 최선의 행동이다.

↻ 여행자처럼 배우기

초보자인 당신은 아마추어처럼 보인다. 아니, 아마추어다. 그런데 이 당연한 사실을 끝까지 인정하지 않는 사람들이 있다. 특히 경력이 5년 정도 된 대리급 직원이 가장 심하다. 그들은 아직 회사가 자신을 인정해주지 않아서 그렇지, 실은 팀장들 못지않은 뛰어난 업무 처리 능력을 갖췄다고 확신한다. 게다가 변화하는 시대 속에서 뒤처지지 않을 요긴한 기술을 두루 갖춘 업계 전문가라고 자평한다.

옳은 소리일 수도 있다. 하지만 만약 그가 새로운 기술을 배우러 나온 초심자라면, 적어도 그 순간만큼은 자신감의 절반쯤은 사무실 서랍에 처박아둬야 한다.

새로운 걸 배울 때마다 당신은 아마 스스로가 무척 어설프고 서툴다고 느낄 것이다. 마치 아마추어가 된 것처럼 말이다. 하지만 그게 진실이다. 당신은 실제로 아마추어다.

제발 이 사실을 잊지 마라. 미국 클리블랜드에 사는 사람이 프랑스 파리를 방문하면 여행자처럼 보인다. 당연하다. 여행자니까. 그는 자신이 파리의 유구한 역사와 전통, 대단히 복잡한 골목에 대한 정밀한 지식이 없다고 해서 자책하지 않는다. 그는 아마 길도 숱하게 잃을 것이다. '뤼 데 머시기' 거리에서 두리번거리고 있는 자신을 발견할 것이다. 에펠탑 같은 명승지 앞에서 다른 관광객들이 취한 똑같은 포즈로 사진을 찍고 정신없이 거리를 쏘다닐 것이다. 생전 처음 가본 곳이기 때문이다.

여행자들의 공통점이 무엇인가? 질문이다. 그들은 쉴 새 없이 질문을 한다. 아는 척하지 않는다. 모든 걸 알아야 한다는 부담도 느끼지 않는다. 아무 거리낌 없이 새로운 것들을 신나게 경험한다. 그들에게선 쑥스러움이나 창피함을 찾아볼 수 없다.

새로운 기술을 배우는 일도 여행과 마찬가지다. 하지만 이 사실을 끝까지 부인하는 사람이 아주 많다. 새로운 기술을 배울 때 우리가 여행자가 되는 걸 두려워하는 이유는 그렇게 어수룩하고 서툰 모습을 남에게 보여주는 것이 쑥스럽기 때문이다. 창피하기 때문이다. 남들이 나를 어떻게 생각할지 고민하느라 경력의 도약을 포기하고 단념하는 스스로의 모습이 더 비참하지 않을까? 물론 새로운 기술을 배우는 건 쉽지 않다. 하지만 여행자의 자세로 접근하면 훨씬 쉽게 해나갈 수 있다.

새로운 기술을 배우는 과정이 너무 오래 걸린다고 겁먹을 수 있다. 그런데 당신이 생각하는 그 '오래'라는 시간이 정확히 어느 정도인가? 당신은 새 기술을 배우는 데 어느 정도의 시간을 투자할 계획인가? 확실한 것은 당신이 계획하는 것보다 훨씬 긴 시간이 필요하다는 것이다.

하지만 우리는 새로운 기술을 배우는 데 투입할 시간을 불가능할 정도로 짧게 잡는 경향이 있다. "우리 회사의 새로운 회계 프로그램을 짜라고요? 오늘 오후까지 끝내야 한다고요? 좋아요. 한번 해보죠." 이렇게 호언장담을 해놓고선, 정해놓은 시간보다 작업이 오래 걸리거나 배우는 시간이 한없이 늘어지면 진도가 안 나간다며 화를 낸다. 하필 나만 빼고 주위의 모든 사람이 빛의 속도로 새로운 기술을 배우는 것 같다. 이보다 짜증나는 일이 어디 있겠는가. 새 책을 낸 저 녀석? 아마 15분 만에 썼을 거다. 신기술이라면 모르는 게 없어서 초고속 승진한 저 여자? 주말 단 이틀 동안 방에 틀어박혀 저 완벽하고 멋진 애플리케이션을 개발한 게 틀림없다.

도전적인 과제를 성공적으로 끝내기 위해선 시간이 필요하다. 다이어트 콜라 광고와 비슷하다. 과정은 끔찍하고 결실은 달다. 과정이 끔찍한 이유는 우리가 게으른 탓이 가장 크지만, 뇌과학적으로도 자연스러운 일이다. 새로운 기술을 배우려고 머리를 굴리는 순간 뇌는 반란을 일으킨다.

우리 뇌에는 '신경통로'라는 것이 있다. 가장 신속하게 생각의 결과를 도출해내기 위해 일종의 지름길을 만들어두는 것이다. 언제나 익숙하고 자연스러운 방식을 따르라고 무의식적으로 명령하는 것이다. 우리는 그 흐름을 따른다. 그 덕분에 우리는 매일 일상적으로 반복하는 수많은 행위와 작업의 시간을 비약적으로 단축할 수 있게 되었다.

하지만 뇌는 우리가 변하는 걸 가로막는 자동적이고 무의식적인 방어기제를 구축하기도 한다. 왜냐하면 역시 그게 효율적이기 때문이다. 우리는 몇 달 혹은 몇 년에 걸쳐 점점 더 빠른 속도로 그 흐름에 휩쓸린다. 그 결과, 새로운 기술을 배우는 게 괴롭고 재미없어진다.

하지만 희망이 있다. 당신에게 맞서는 뇌는 자신이 파놓은 여러 통로를 이리저리 연결하는 '신경가소성Neuroplasticity' 능력 덕분에 당신 편에 설 수도 있다. 뇌는 끊임없이 자라고 변화한다. 청소년기에 성장이 멈춰버리는 성장판 같은 게 아니다. 새로운 생각을 할 때마다 우리 뇌는 새 길을 팔 것이다. 우리가 생각을 할 때마다, 혹은 기억을 되살릴 때마다 뇌는 그 길을 더 깊고 선명하게 팔 수 있다.

처음엔 이 고집불통의 뇌를 설득하는 게 쉽지 않을 것이다. 하지만 한번 좋은 버릇을 들이면, 즉 새로운 기술에 관한 지식과 정보와 요령이 넘나들 크고 길쭉한 통로를 뚫기만 하면, 이제 반대로 뇌가 당신에게 물어볼 것이다. "이봐, 다음 기술은 언제 배울 예정이야?"

우리가 뇌를 변화시킬 수 있다면, 즉 언제든 새로운 기술을 배울 수 있다면 우리의 경력은 더 나은 곳을 향해 전진할 것이다. 공룡이 되기 싫다면, 경력을 새로 쓰고 싶다면 새로운 기술을 배워야 한다. 그것도 아주 많이, 규칙적으로, 꾸준히, 그리고 지금 당장.

지금 바로 시작해!

✗ 새로운 기술을 배우지 않으면 우리의 경력은 다음 주에 멸종할 것이다.
✗ 뭔가를 싶다면 벼락치기 전문가가 아니라 여행자가 되어야 한다.
✗ 무언가를 배우려는 습관을 들이면 우리 뇌는 분명 이렇게 말할 것이다. "다음 기술은 언제 배울 거야?"

모두 한 번쯤은
성공해봤잖아?

12

경험은 가장 훌륭한 스승이다. 다만 수업료가 엄청나게 비쌀 뿐이다.

- 영국의 역사가 토머스 칼라일

당신은 예전에 새로운 기술을 배웠다. 아니라고? 좋다. 그럼 아마 운전하는 법은 알 거다. 아니라고? 그럼 자전거는 탈 수 있을 거다. 이것도 아니라고? 설마 신발 끈도 못 묶지는 않겠지? 삼진 아웃이라고? 정말인가? 그렇다면 이 책은 어떻게 갖게 되었나? 책 사는 법 정도는 알고 있을 것이라 믿는다. 이런 식의 질문은 얼마든지 계속할 수 있다.

　당신이 예전에 무언가 새로운 것을 배웠다는 건 틀림없는 사실이다. 제발 그 사실을 부인하지 마라. 당신은 적어도 책을 읽는 법 정도는 알고 있다. 그거면 충분하다. 당신은 '0'에서 시작하는 게 아니다. 지금 두려움과 의심이 뭐라고 속삭이든 당신의 경력은 결코 텅 비어 있지 않다. 당신은 언젠가 새로운 것을 배웠고, 그때 배웠던 방법으로 무언가를 다시 해낼 것이다.

↻ 얼음을 깰 당신만의 계기를 마련하라

당신이 참고할 경력이 당신의 경력 앞에 놓인 과제와 연관된 것이라면 아주 잘된 일이지만 꼭 그럴 필요는 없다. 예를 들어 과거에 이룬 가장 큰 승리가 금연이었다면 거기에서도 우리는 많은 교훈을 얻어낼 수 있다. 선택은 내가 아니라 당신이 하는 거다.

회의 중에 부장이나 팀장이 당신의 성과를 공개적으로 인정한 적이 있나? 몸무게를 20킬로그램 넘게 감량한 적이 있나? 다른 팀원들이 불가능하다고 생각했던 프로젝트를 성공적으로 마무리한 경험이 있나? 우리의 과거 어딘가에는 무언가를 '해낸 경험'이 분명히 있을 것이다. 그걸 찾아라. 기다리겠다. 찾았다고?

"그걸 이 페이지 여백에 적어라."

당신은 그 일을 어떻게 해냈나? 어떤 조건이 당신의 동기를 부추겼

는가? 어쩌면 마감일이 정해져 있었던 게 도움이 됐을 수도 있다. 아마도 팀장이 일방적으로 정한 마감일이 당신의 며칠을 지배했을 것이다. 하지만 이 마감일이 없었다면 당신은 몇 주 동안 주말마다 그 프로젝트에 시달렸을 것이다. '날짜에 대한 부담감'이 새로운 걸 배워야 하는 두려움을 없애고 추진력을 발휘하는 원동력으로 작용했을 것이다. 그렇다면 당신에게는 마감일이 필요하다.

아니면 새로운 기술을 배우지 않을 수 없게 만든 청중이 있었을 수도 있다. 당신을 지켜보는 수많은 눈 말이다. 혹은 당신을 계속 앞으로 나아가게 해주는 또래 집단의 압력이 있었나? 그렇다면 다시 새로운 기술을 배울 때도 그런 친구들과 함께 시작하는 것이 좋다. 완전히 터무니없는 무언가가 과제 해결에 도움이 됐을 수도 있다. 그것도 아니라면, 당신만의 보상 시스템을 고안한 뒤 최선을 다해 과제에 매달려 주말에 당신만의 은밀한 보상을 즐기진 않았나?

나는 개인적으로 '시간 제한'이 도움이 된다. 지난 몇 년간 힘든 과제를 해야 할 때마다 스마트폰으로 60분 알람을 맞췄다. 이제는 그 짧은 시간 안에 무슨 일이든 할 수 있다는 자신감을 얻었다. 그리고 '일단 시작하면 계속 하는 건 훨씬 쉽다'는 사실도 깨달았다. 60분이 120분으로 늘어나고 탄력이 붙기 시작하면 180분이 되는 건 예삿일이다. 알람을 설정하는 전략은 꽝꽝 얼어붙은 일에 균열을 내는 가장 요긴한 방법이다.

나는 바로 이러한 방식으로 이 책의 집필과 편집을 끝내기로 마음먹었다. 중요한 일이었기 때문에 60분 대신 100시간을 알람으로 설정했다. 100시간보다 훨씬 걸릴 수도 있다는 걸 알았지만 일단 그렇게 시작했다. 이로써 시작할 계기가 마련된 셈이었다. 그런 다음 작업에 소요되는 모든 시간을 측정해 기록했다. 3개월에 걸쳐 매일 시간을 줄여나갔다.

예전에 해냈던 경험을 자세히 살피는 이유는 지금 내 앞에 놓인 과제를 해결할 수 있는 쓸모 있는 도구들을 찾기 위해서다. 과거에 효과적이었던 방법을 현재로 가져와 당신이 멋진 미래를 맞이할 수 있도록 준비하기 위해서다. 물론 과거의 그 방법을 완전히 새로운 환경에 그대로 옮겨다 놓고 똑같은 효과를 기대해서는 안 된다. 말총을 땋는 기술이 신형 스포츠카를 운전하는 데 큰 도움이 되지는 않을 것이다. 여기서 핵심은 과거를 반복하는 것이 아니라 과거에서 얻은 교훈을 현재의 상황에 대입하는 것이다.

당신은 예전에 무언가를 해냈다. 심지어 수많은 경쟁을 물리치고 승리한 적도 있다. 다가올 미래에도 무언가를 해내고 싶다면 과거에서 그 비장의 무기들을 가져와 당신만의 방식으로 대비하라.

마감일, 청중, 체크리스트, 타이머, 보상, 내기…

앞으로 우리가 배워야 할 새로운 기술이 많겠지만, 우리는 그것들을 현명하게 공략해나갈 것이다. 우리가 늘 그래왔듯이 말이다.

지금 바로 시작해!

✕ 미래에 무언가를 해내고 싶다면 때로는 과거를 살펴봐야 한다. 새 자동차를 만드는 데 시간을 낭비하지 마라. 이미 당신은 문제 해결의 자동차 열쇠를 쥐고 있다.

✕ 과거에 해냈던 경험을 자세히 분석하라. 그 일을 해낼 수 있었던 결정적인 요인은 무엇이었나?

13

제1원칙,
일단 재미있게 시작하기

그러니, 벗들이여! 매일 값으로 따질 수 없는 일을 하게나.

- 미국의 시인 웬들 베리

우리가 새로운 기술을 배워야 하는 이유는 그런 기술들이 새 일자리, 새로운 꿈, 새로운 기회로 이어지기 때문이다. 그렇다면 당신이 앞으로 배우고 싶은 새로운 기술은 어떤 것인가? 필요해서 배우는 기술인가, 아니면 호기심에 이끌려 배우려는 기술인가?

앞에서 잠시 언급했던 그래픽디자이너가 새로운 기술을 배운 이유는 거기에 자신의 생계가 달렸기 때문이다. 즉, 필요해서 배운 기술이다. 우리는 이 기술을 '반드시 해야 할 기술Should Skill'이라고 부를 수 있다. 호기심에 이끌려 배우는 기술은 이와 정반대다. 이 기술은 욕망의 산물이다. 아무런 목적이나 목표가 없다. 그래서 '해보고 싶은 기술Could Skill'이라고 부를 수 있다. 지난 몇 년간 생각만 했지 도저히 용기가 안 나서 도전하지 못했던 기술일 수도 있고, 겨우 몇 주 전에 뜬금없이 마음속에 피어난 호기심일 수도 있다.

경력에는 이 두 기술이 모두 중요하지만 우리는 호기심에 이끌려 배우는 기술로 시작할 것이다. 당신의 삶은 이미 '반드시 해야 할 기술'로 넘쳐난다.

운동을 더 해야 해. 식단을 잘 관리해야 해. 영어도 배워야 해. 중국어나 일본어도 배우면 좋겠지. 엑셀도 배워야 하고 이번에 회사에 새로 도입된 빌어먹을 그 이상한 전산 프로그램도 배워야 해.

이 글을 읽고 있는 순간에도 당신 머릿속에는 업무와 관련해서 이번 달 안에 당장 배워야 할 기술이 몇 개는 떠올랐을 것이다.

이쯤에서 가장 중요한 사실을 다시 강조해야겠다. 이 책의 대전제 중 하나는 '일이 꼭 그렇게 끔찍할 필요는 없다'는 확신이다. 하지만 안타깝게도 대다수의 사람이 '일이란 원래 힘들고 끔찍한 것'이라는 잘못된 신념을 가진 채 살아가고 있다. 그래서 그들은 새롭게 배울 기술을 물색하면서도 자신의 그릇된 신념을 확인시켜줄 기술에만 집착한다. 이렇게 떠벌리면서 말이다.

"배움이란 원래 고달픈 법이지!"

내게도 그런 기술이 하나 있었다. '이메일 마케팅'이 바로 그것인데, 어느 문화센터에서 잠시 블로그 글쓰기 수업을 담당했던 나는 이 수업과 관련해 청중에게 좀 더 전문적인 지식을 가르치기 위해선 '이메일 마케팅'이라는 과목을 마스터해야겠다고 생각했다. 잘못된 생각이었다. 그 수업을 듣고 실습을 하고 직접 이메일을 작성하면서 나는 마치 순무를 생으로 먹는 기분을 느꼈다. 그걸 배워야 한다는 점에는 충분히 납득이 갔지만 그 과정이 죽을 것처럼 괴로웠다. 결국 나는 온갖 방식으로 그 일을 망쳤다.

이 새로운 기술은 나를 피로와 절망에 빠트렸다. 방에 틀어박혀 '지뢰 찾기'나 실컷 하고 싶은 상태로 만들었다. 나는 왜 하필 '이메일 마케팅'이라는 기술을 선택했을까? 우리도 신중하지 않으면 이런 선택을 할 수 있다. 만약 당신이 일은 지겹고 따분한 것이라고 학습해왔다면, 새로운 기술을 선택할 때도 그러한 패턴에 어울리는 기술을 선택할 확률이 대단히 높다.

그러니 좀 더 선택의 폭을 넓혀 재밌고 호기심을 자극하는 기술을 찾아보자. 나는 당신이 대단한 성공을 경험하기를 바란다. 그러기 위해서는 먼저 사소한 기술을 배워 작은 승리를 맛봐야 한다. 그런 다음 거기에 누적된 동력으로 더 큰 승리를 이끌어내야 한다. 호기심에 이끌려 배운 기술(해보고 싶은 기술)을 통해 맛본 승리는 필요한 기술(반드시 해야 할 기술)을 배워야 할 때 그것을 시작할 강력한 힘이 되어줄 것이다.

당신의 시간표는 필요한 기술을 배워야 하는 일정으로 빼곡하다.

그러니 지금은 당장 해볼 수 있는 간단한 기술부터 시작해보자. 당신의 경력에 사소한 기술 하나를 보탠다면 그건 어떤 기술일까? 잠시 즐거운 상상에 빠져보자.

↻ 단순함을 유지하라

결국 우리는 우리가 가진 기술로 벌어먹고 산다. 새로운 무언가를 배우는 데에는 다섯 가지가 필요하다.

시간, 장비, 돈, 전문가의 도움, 지식.

하지만 우리는 두 가지에만 집중할 것이다.

시간, 지식.

괜히 다섯 가지 모두 욕심을 부리면 당신과 기술 사이에 '장벽'을 세우게 된다. 우리가 만약 고등학교 미술 선생님이라고 가정해보자. 우리는 직업적 안정성을 높이기 위해 경력통장에 새로운 기술을 추가해 일자리 선택의 폭을 넓히고 싶다. 당신이 염두에 두고 있는 기술은 도예다.

그런데 자칫 도예의 엉뚱한 면에 집중하면 아예 시작도 못 해보고 끝날 수 있다. 도예 수업 일정은 당신의 스케줄을 충분히 배려해주지 않을 것이다. 물레를 갖고 있지 않는 한 집에서 연습을 할 수도 없다. 물레가 있다고 해도 집 안을 엉망으로 만들면서까지 불편하기 짝이 없는 조건에서 힘들게 도자기를 빚고 싶지 않다. 점토도 사야 하고 가마도 사야 한다. 이 정도만 해도 벌써 엄청나게 귀찮다. 지금이라도 그만두는 게 낫다. 새로운 기술은 나중에도 배울 기회가 있을 것이다. 아마 내년쯤? 아니면 한 5년 후쯤? 아니면 영원히 못 배우든가.

이런 상황을 피하려면 장애물 투성이의 거창한 '도예' 기술을 좀 더 작게 조각내야 한다. 이 거창한 기술 안에 숨은 작은 기술들을 찾아내야 한다. 장비, 돈, 전문가같이 도예의 비싸고 복잡한 면에 초점을 맞추는 대신 당장 시도할 수 있는 시간과 지식에 집중하는 것이다.

먼저, '지식'은 도서관이나 인터넷에서 공짜로 쉽게 얻을 수 있다. "나는 촉촉하고 매끈한 질감을 두 손으로 느끼며 도자기를 빚고 싶다고!" 물론 이렇게 말할 수도 있다. 단순히 지식만 얻는다는 것이 시시하게 느껴질 수 있겠지만 명심하라. 이건 기술의 완성이 아니라 시작이다. 대개 우리는 '도예 관련 책 읽기', '골동품 가게 들르기', '영감을 주는 도자기 스케치하기' 같은 활동을 하면서 훗날 도자기를 굽는 자신의 모습을 상상하며 기대에 부푼다. 어쩌면 이 순간이 가장 가슴이 뜨거워지는 순간일지도 모른다. 게다가 이 정도의 시도는 쉽고 돈도 안 든다.

'시간'은 어떨까? 우리가 시간에 집중하는 이유는 무언가를 잘하기 위해서는 반드시 시간이 필요하기 때문이다. 만약 시간이 하나도 없다면 어떻게 해야 할까? 유튜브로 철 지난 예능 프로그램의 하이라이트 편집 영상을 보는 시간에서 훔치면 된다. 아니면 페이스북에서 가져와도 좋다. 아무런 대가도 없이 우리의 귀중한 시간을 빼앗는 활동이 무엇인지 파악하라. 그리고 거기에서 '시간'을 가져와라. 지금 훔치지 않으면 그것들이 당신의 소중한 시간을 훔치기 시작할 것이다. 그렇게 되면 도예고 나발이고 모두 안녕이다.

⟳ 언제 배울 것인가?

느닷없이 경력의 위기를 맞은 사람에게 물어보면 아마 자기에게 아직 시간이 충분히 있는 줄 알았다고 대답할 것이다. 하지만 삶은 정신없이 바쁘고 소란스럽다. 이와는 달리 새로운 기술을 배우거나 이미 가진 기술을 단련하는 일은 둘 다 꽤나 조용하게 진행된다. 우리에게 시간을 내놓으라고 아우성치지도 않는다. 그래서 우리는 언젠가는 시작할 것이라고 믿고선 하염없이 내버려둔다.

종종 닳아빠진 바퀴를 단 고급 승용차가 보이는 것도 이런 이유에서다. 그 차 주인은 아마 새 타이어를 살 돈이 있을 것이다. 단돈 몇 푼이면 타이어 점검을 받을 수 있다는 것도 알고 있을 것이다. 심지어 그 비싼 차를 산 이유는 별의별 안전한 기능 때문이었을 것이다. 하지만 그들은 타이어가 마모된 사실조차 알아차리지 못할 만큼 너무 바빠서 정작 안전에 가장 큰 영향을 미치는 타이어를 교체하지 못한다. 대체 왜 그럴까? 돈은 가졌지만 시간은 소유하지 못했기 때문이다.

새로운 기술에 지불할 가장 큰 비용은 바로 '시간'이다. 우리는 이 시간을 아깝게 여기지 않을 것이다. 당신이 정말 무언가를 배우고 싶다면 언제 배울지 시간을 정해야 한다. 안 그러면 그 결심을 실행에 옮길 가능성은 사라진다. 시간을 정할 때는 두 가지 관점에서 접근할 필요가 있다.

하나, 거시적 관점.
둘, 미시적 관점.

먼저 거시적 관점에서 이야기를 해보자. 거시적 관점이란 시간을 큰 단위로 파악한다는 뜻이다. 1개월, 3개월, 6개월, 1년, 5년, 10년.

나는 날짜가 적히지 않고 달만 적힌 달력을 인쇄해서 모니터 옆에 붙여 둔다. 거시적이라는 것은 규모가 크다는 의미다. 나는 시간을 정할 때 먼저 거시적으로 접근한다. 거시적으로 보면 어떤 일의 기한이 얼마나 빨리 다가오는지를 눈으로 확인할 수 있다. 텔레비전 광고에서 "이제 쇼핑할 날이 이틀밖에 안 남았습니다!"라고 말해주기 전까지 크리스마스는 항상 멀게만 느껴진다. 하지만 시간에 대한 정보를 재구성하면 새로운 통찰을 얻을 수 있다. 이런 중요한 질문도 던질 수 있다.

올해 내가 쓸 수 있는 시간이 얼마나 있지?

5월까지 계획해둔 일 중에서 내 시간을 낭비하고 있는 일이 뭐지?

하반기에 잡힌 과업 중에서 굳이 올해 안에 처리하지 않아도 될 것들은 뭐지?

7월 안에 해치워야 했는데 몇 개월째 질질 끌고 있는 일은 뭐지?

시간을 거시적 관점으로 바라볼 때 재미있는 것은 항상 정반대의 진실에 직면하게 된다는 사실이다.

하나, 우리는 생각보다 시간이 많다.

둘, 우리는 생각보다 시간이 적다.

새로운 과제를 눈앞에 둔 당신에게 두려움은 시간이 너무 부족하다고, 나이가 너무 많다고, 너무 바쁘다고, 이미 기회를 놓쳤다고 속삭일 것이다. 내 오랜 친구 줄리는 아주 오래전에 언론학 석사 학위를 따기 위해 메릴랜드주에 위치한 프로스트버그대학교에 입학했다. 그녀는 당시 내게 젊은 새내기 대학생들과 어울리다 보니 고대 유물이 된 것 같다고 하소연했다. 그때 줄리의 나이는 고작 스물아홉 살이었다. 지금 줄리는 그 당시 자기가 내렸던 '늙음'의 정의에 코웃음친다.

두려움은 항상 우리가 우리의 소임이라고 느끼는 일을 할 시간이 없다고 떠들어댄다. "넌 시간이 부족해"라고 말하며 드럼을 요란하

게 두드린다. 거짓말이다. 1개월이든 1년이든 당신의 달력을 거시적으로 보면 당신에게 주어진 시간이 얼마나 많은지 깨닫게 될 것이다. 만약 지금이 8월이라면 우리에겐 무려 4개월이라는 시간이 남아 있다. 도대체 무엇이 두려운가? 우리는 그저 새로운 기술을 배우기 위해 필요한 시간을 할당하는 일만 하면 된다. 9월 한 달을 정할 수도 있고 8월부터 10월까지 총 3개월을 배분해줄 수도 있다.

이제 미시적 관점 차례다. 이건 간단하다. 중요한 일을 할 정확한 날짜와 시간을 정하면 된다. 그런데 당신의 달력을 자세히 살펴보면 이번엔 생각보다 시간이 부족하다는 사실을 깨닫게 될 것이다. 연휴, 회사 워크숍, 방학, 여행, 부모님 생일… 이것들 말고도 수많은 대소사를 더하면 우리에게 남아 있는 시간은 우리가 생각했던 것보다 훨씬 적게 느껴질 것이다. 의기소침해지지 말자. 달력은 앞으로 다가올 현실을 있는 그대로 보여줘 당신이 지나친 기대를 하지 않게 도와줄

뿐이니까. 그냥 받아들여라. 그 모든 빡빡한 일정은 그동안 당신이 선택한 것들의 결과물이다. 그 누구도 당신을 대신해서 그 일을 해치워줄 수 없다.

이제 기한으로 정한 날짜에서 거꾸로 계획을 세워보자. 예를 들어 8월 13일에 중요한 감사 일정이 잡혀서 그때까지 '회사 안의 모든 재무 현황을 파악하고 발표 자료 작성하기'라는 새로운 기술을 배워야 한다면, 빨간 펜으로 8월 13일에 커다란 동그라미를 표시하고 8월 12일부터 거꾸로 남은 몇 주 동안 해야 할 일을 계획하는 것이다.

할애할 수 있는 시간이 일정할수록 시간을 당신 편으로 만들기가 쉬워진다. 보통 낮에는 너무 바빠서 당신에게 커다란 기회를 안겨줄 중요한 일을 할 시간이 없을 것이다. 하루 24시간 중에서 그런 일을 할 시간을 찾아내는 방법은 두 가지다. 하나는 당신의 시간이 어떻게 쓰이고 있는지에 대해 정직하게 파악하는 것이고, 다른 하나는 중요한 일부터 하는 것이다. 미시적 관점에서 시간을 관리하는 문제에 직면하면 대다수의 사람은 그동안 자기가 시간을 실제로 어떻게 썼는지 전혀 알지 못했다는 걸 깨닫는다. 마치 다이어트를 하는 사람이 자신이 하루에 몇 칼로리나 섭취하는지 알지 못하는 것처럼 말이다. 이 책은 경력에 관한 책이니까 매일 얼마의 칼로리를 소비하는지 묻는 대신 이렇게 묻겠다. 당신의 달력을 소비하는 일은 무엇인가?

어느 가을에 나는 행사장 열두 곳에서 강연을 했다. 정신없이 바쁘다고 생각했지만 넷플릭스로 드라마 한 시즌 전체를 시청했다. 일주일 만에 45분짜리 드라마 20편을 2배속으로 보면서도 나는 늘 일에 치여 산다고 아내에게 하소연을 늘어놓았다. 가족을 남겨두고 넷플릭스와 바람을 핀 것이다. 결국 나는 내 생각만큼 바쁘지 않았다. 아마 당신도 그럴 것이다. 당신의 24시간에 대해 정직해지자. 당신의 시간은 어디로 흘러가고 있는가?

나는 올빼미족을 적으로 돌리곤 하는데 그건 내가 일찍 일어나는 습관을 지지하는 뻐꾸기족이기 때문이다. 이 습관의 장점을 여기서 또 설명하지는 않겠다. 만약 당신이 점심 무렵에 일어나는 걸 좋아한다고 가정해보자. 내 아침 6시는 당신의 오후 1시일 것이다. 내가 하루 과업 중에서 가장 중요한 것들을 다 완료한 뒤 점심을 먹을 때쯤 당신은 늘어지게 기지개를 켠 뒤 자리에 앉아 웹서핑을 하며 지난밤에 일어난 사건사고 따위를 멍하게 쳐다볼 것이다. 이 사실을 기억하라.

누군가의 아침이 누군가에겐 한밤중이다.

당신의 하루를 가장 중요한 일로 시작하겠다고 약속하라. 하루는 언덕 아래로 구르는 눈덩이와 비슷하다. 그날 계획을 얼마나 완벽하게 세웠든 당신의 하루는 비탈을 구르는 동안 전혀 예상하지 못했던 일들이 보태져 점점 거대한 눈덩이가 된다. 뜻밖의 전화가 오고, 긴급한 상황이 생기고, 퇴근 직전에 회의가 잡힌다. 평범하게 시작된 하루가 막바지에 이르면 전혀 예상하지 못했던 일들로 뒤덮인다. 당신이 '오늘' 안에 해치워야 할 일이 있다면 눈덩이에 파묻히기 전에 가장 먼저 해치워라.

↻ 혼자서는 절대 시작하지 못할 것이다

경력통장의 네 가지 투자 항목인 인맥, 기술, 인성, 추진력은 따로 놀지 않는다. 그중에서도 인맥은 나머지 모두에 가장 큰 영향을 미칠 수 있다.

새로운 기술을 배우는 동안 당신을 도와줄 사람은 누구인가? 전문가가 아니라 친구를 묻는 것이다. 옆에서 당신을 지켜봐주거나 모험에 함께 동참해줄 사람이 있다면 새로운 기술을 배우기가 훨씬 쉬워진다. 하지만 많은 사람이 '독불장군' 정신을 사랑한다. '세상에 맞서라!', '다 혼자 할 수 있다!' 웃기는 소리다. 원대한 꿈을 이루려면 다른 사람의 힘이 필요하다. 당신의 '그 사람'은 누구인가? 당신에게 채찍질을 할 '그 사람'은 누구인가? 당신의 성공을 축하해줄 '그 사람'은 누구인가? 당신 옆에서 함께 뛰어줄 '그 사람'은 누구인가?

굳이 절친한 친구나 배우자가 아니어도 괜찮다. '그 사람'을 찾는 일에 부담감을 갖지 마라. 조력자는 지금 바로 당신 옆에 앉아서 누군가와 낯선 통화를 하고 있는 동료가 될 수도 있다. 당신이 며칠에 한 번씩 문자로 안부를 묻는 사람이 될 수도 있다. 비가 오면 가끔 부침개를 해주는 옆집의 마음씨 좋은 이웃이 될 수도 있다. 오히려 나는 그런 사람을 추천한다.

새 기술을 배우는 과정을 지켜보고 감시하고 격려하고 축하해줄 자격을 너무 거창하게 여기지 마라. 여덟 살짜리 꼬마도 취득할 수 있는 아주 쉬운 자격증이다. 당신은 그냥 그에게 이렇게 말하면 된다.

"어제부터 중국어를 배우기 시작했어요! 언제까지 할 수 있을지 걱정이네요. 종종 소식 전해드릴게요!" 앞에서 작성한 메모지를 넘기면서 적합한 사람을 찾아라.

한 가지 주의할 점이 있다. 이따금 그 사람이 좀 미워질 것이다. 게으름을 피우며 설렁설렁하고 싶은 순간에 전화를 걸어 어떻게 되어가고 있는지 물어볼 것이기 때문이다. 당신은 그 질문을 무시하거나 그들을 퉁명스럽게 대하고 싶을 것이다. 참아라. 그냥 앞으로 계속 밀고 나가라. 당신이 잘하고 있을 때만 연락하는 사람은 진정한 조력자가 아니다. 그런 사람은 그냥 치어리더다.

잊지 말아야 할 것이 있다. 그렇다고 조력자에게 너무 많은 것을 바라면 안 된다. "이봐, 앞으로 1년 동안 매일 네가 나를 좀 관리해줬으면 좋겠어" 같은 소리는 할 생각도 마라. 특히 가벼운 관계라면 더욱 조심해야 한다. 그 사람에게 당신이 세운 목표를 구구절절 설명하지 마라. 그를 숨 막히게 하지 마라. 그 사람의 언어로 소통하라. 다시 말하지만, 당신은 그 사람의 시간을 뺏을 권리가 없다.

심지어 '그 사람'이 우리와 모르는 사람일 수도 있다. 나는 같은 시간대에 헬스장에서 운동하는 어느 젊은 남자를 통해 운동에 대한 내 열의를 불태우곤 한다. 정신 나간 소리처럼 들리겠지만 운동 시간대가 겹치는 날엔 항상 그 사람보다 트레드밀을 더 오래 뛰거나 더 무거운 기구를 들려고 애썼다. 그 사람보다 1분이라도 먼저 체육관에 도착해 덤벨을 들고 있는 내 모습을 상상하며 묘한 쾌감에 젖기도 했다.

당신이 익히려고 하는 새 기술이 '남들보다 일찍 출근하기'라면 언제나 당신보다 먼저 와 있는 옆 부서의 직원을 주시하라. 둘이 마주 앉아서 그 기술에 대해 이야기하는 일은 없겠지만 그는 당신이 그 기술을 열심히 훈련할 수 있게 만들어주는 원동력이다. 어쩌면 그 역시 자신의 기술 수련에 당신을 활용하고 있을지도 모른다.

하지만 아무도 생각나지 않으면 그냥 혼자 시작하라. 당신을 도와줄 부메랑이 나타나기 전에 새로운 기술부터 배워야 할 때도 있다. 부메랑을 기다리느라 귀한 시간을 허비하지 말기 바란다. 페이스북에 "이거를 배우려고 하는데, 해본 사람 있나요?"라는 간단한 질문을 올려두고 얼마나 많은 부메랑이 날아오는지 직접 경험해보는 것도 좋다. 그런 질문을 페이스북에 올리는 일이 주접을 떠는 것 같아서 창피하다고? 시작하기도 전에 왈왈 떠드는 사람처럼 보일까 봐 겁이 난다고? 부메랑이 하나도 날아오지 않으면 엄청나게 민망할 테니 그냥 잠자코 있겠다고? 뭔가를 배울 때는 여행자처럼 굴라고 말했을 텐데? 아직도 체면치레라는 눈에 안 보이는 감옥에 갇혀 있길 원한다면 아무것도 안 해도 괜찮다.

새로운 기술을 배우는 건 그렇게 끔찍한 일이 아니다. 특히 쉽고 재미있는 기술부터 시작한다면 말이다. 우리는 새로운 무언가를 배우는 과정이 반드시 고통스럽고 지루해야만 한다고 믿는 경향이 있다. 먹기 싫은 음식을 억지로 삼키는 것이라고 생각한다. 오이가 먹기 싫으면 그냥 남기면 된다. 양파가 싫으면 그릇 구석에 모아두고 감자 샐러드만 먹으면 된다.

기술을 습득하는 과정이 늘 시험이나 숙제처럼 힘겨워야 할까? 무언가가 되려는 생각을 버려라. 무언가가 되는 과정에 집중하라. 그리고 그 과정을 최대한 단순하고 즐겁고 재미있게 채워나가라.

지금 바로 시작해!

- ✗ 어렵게 생각하지 마라. 일단 '해보고 싶은 기술'로 배움에 탄력을 붙이자.
- ✗ 시간, 장비, 돈, 전문가의 도움, 지식. 이 모든 것을 다 챙기려고 하면 아무것도 시작할 수 없다. 돈이 안 드는 '시간'과 '지식'으로 시작하라.
- ✗ 당신의 24시간을 정직하게 파악하라. 당신은 당신이 생각하는 것만큼 바쁘지 않다.
- ✗ 우리의 꿈을 감시하고 격려하고 축하해줄 '그 사람'을 찾아라.

삶에서 시간이 가장 많이 남은 날

14

희망은 절대 우리를 버리지 않는다. 우리가 희망을 버릴 뿐이다.

- 미국의 심리학자 조지 와인버그

종류를 불문하고 모든 기술에는 한 가지 공통점이 있다. 안 쓰면 무디어진다. 기술은 예리하게 갈지 않으면 쓸모가 없다. 하지만 여기까지는 큰 문제가 안 된다. 까짓것 다시 배우면 되지, 뭐. 진짜 큰 위기는 이것이다. 방치된 우리의 기술 텃밭에 두려움이라는 잡초가 서서히 뿌리를 내린다는 사실이다.

내가 제일 잘하는 기술은 글쓰기다. 이 기술이 나와 가족을 먹여살려 준다. 내가 만약 글을 쓰지 않으면 어떻게 될까? 그날은 내 텃밭에 두려움의 묘목이 심어진 날이다. 하루나 이틀 정도는 괜찮다. 녀석은 아직 묘목에 불과하고 그래 봤자 티도 안 난다. 용기를 내어 다시 키보드 앞에 앉으면 그 묘목을 어렵지 않게 뽑아낼 수 있다. '그래 봤자 겨우 48시간인데 뭐. 기술은 아주 살짝 무뎌졌을 뿐이야.'

하지만 글쓰기에 시간과 노력을 쏟아붓기를 거부하는 날이 늘어날수록 묘목의 뿌리는 점점 깊어진다. 한 주가 지나면 더 이상 쉽게 키보드 앞으로 돌아갈 수 없다. 이제 두려움의 묘목을 뽑으려면 양손이 필요하다. 한 달이 지나면 삽이 필요하다. 6개월이 지나면 굴착기가 필요하다.

이제 텃밭에 가볍게 발을 들여 느긋하게 산책할 수 없다. 먼저 마음의 준비가 필요하다. 친구들의 엄청난 격려가 필요하다. 지지자나 적의 충고와 경고가 필요하다. 혼자만의 힘으론 도저히 잡초를 제거할 수 없다. 방치된 기술과 나 사이에 쌓인 벽은 점점 높아지고, 지금 당장 그 벽을 넘지 않으면 시간이 갈수록 벽을 넘을 확률은 점점 줄어든다.

묘목은 이제 나무의 위용을 제대로 갖췄다. 글쓰기에 대한 두려운 감정을 넘어, 나의 텃밭을 저런 흉측한 나무가 뒤덮도록 방치한 스스로에 대한 수치가 스멀스멀 머릿속을 잠식한다. 더 빨리 시작해야 했다. 내 기술이 침묵하지 않도록 더 빨리 개입해야 했다. 두려움이 그 자리에 뿌리를 내리지 못하도록 적극적으로 대처해야 했다. 하지만 살기 바빠서 그냥 내버려뒀다. 글을 안 쓰는 날이 쌓여갈수록 '나는 더 이상 작가가 아니다'라고 믿는 것이 점점 편해진다. 안주가 익숙해진다.

다가올 날 중에서 오늘이 가장 쉬운 날이다. 두려움의 뿌리가 가장 얕은 날이 오늘이다. 우리 삶에서 시간이 가장 많이 남아 있는 날이 오늘이다. 우리는 오늘 당장 텃밭으로 돌아가야 한다.

NFL 선수들의 평균 선수 생명은 꽤 짧다. 선수 노조 측의 주장은 3.2년이고 협회 측의 주장은 약 6년이다. 어느 쪽이든 길지는 않다. 어린이 풋볼 팀부터 대학 팀까지 10년 넘게 훈련을 받고 프로 무대에 데뷔하지만, 그들의 경력은 불과 6년이면 끝난다. 은퇴할 때의 평균 나이는? 고작 스물일곱 살이다. 앞으로 살아갈 시간이 50년 이상 남았으니 그들은 반드시 새로운 경력을 찾아야 한다.

프로 경력 9년 차에 접어든 풋볼 선수 버나드 폴러드Bernard Pollard 에게 NFL에서 그렇게 오래 선수 생활을 유지할 수 있는 비결이 무엇인지 물었다. 그는 잠깐의 망설임도 없이 대답했다.

"자기 자신을 속이는 겁니다. 자기만의 루틴을 만드는 거예요. 선수로서 자기만의 체계를 세우는 거죠. 늘 꾸준히 해야 하는 일들로요. 시즌 중이든 휴식 중이든 상관은 없습니다. 멈추지 않고 계속해야만 하는 활동 리스트를 만드는 거예요. 주 단위로 언제 웨이트 운동을 하고 언제 유산소 운동을 할지, 사우나와 얼음 목욕은 얼마나 자주 할지 정해놓는 겁니다. 난 그렇게 몸 관리를 해요. 그런데 정신적으로 그런 스케줄을 감당하지 못하는 친구들이 많아요. 특히 돈맛을 좀 본 녀석들이 그렇죠. 우리에게 가장 까다로운 상대는 늘 우리 자신이에요."

새로운 기술을 배우고 이미 가진 기술을 녹슬지 않게 잘 갈고닦는 것은 자기 자신을 속이는 방법을 배우는 과정이기도 하다. 바로 당신 안에 있는 가장 노련하고 비열한 경쟁자 말이다. 당신의 강점과 약점을 가장 빠삭하게 꿰고 있고 당신을 어떻게 공략해야 풀썩 주저앉게 만들 수 있는지 종일 고민하고 있는 녀석 말이다. 우리는 이 녀석을 속여야 한다. 이 고약한 적을 우리는 어떻게 상대해야 할까?

↻ 당신의 운전 실력은 형편없었다

무슨 일이든 처음이 가장 힘든 법이다. 처음 운전대를 잡았을 때를 생각해보라. 아주 난리도 아니었을 것이다. 왜냐고? 처음이었기 때문이다. 새로 옮긴 직장에서 새 프로젝트 관리 시스템을 처음 사용했을 때는 어땠나? 불편한 건 당연하고 시간도 엄청나게 잡아먹는다. 쭈뼛쭈뼛 소심하게 동료에게 다가가 별것도 아닌 간단한 질문을 끊임없이 해댔다. 6개월이 지났다. 이제 그 시스템 사용법은 거의 신경 쓰지 않는다. 한때는 혼란스러웠지만 그때를 웃으며 추억할 수 있을 정도로 익숙하고 편하다.

언젠가 크리스마스에 책벌레 딸에게 전자책 단말기 킨들을 선물했다. 나는 그 기기를 써본 적이 없었다. 딸애 손에 들린 킨들을 뺏어 아이패드를 사용할 때처럼 화면을 손가락으로 밀었다. 아무런 변화도 없었다. 나는 시작조차 할 수 없었다. 내가 쓰던 기기들과 사용법이 전혀 달랐다. 절망스러웠다. 돌멩이로 쿵쿵 두드리며 그 안에 숨겨진 책을 찾는 원시인이 된 기분이었다.

새로운 걸 배울 때 가장 고통스러운 시간은 '처음'이다. 따라서 우리가 새로운 기술을 단련하는 것을 그토록 힘들어하는 이유 또한 그 지점에 있다. 경력이라는 무대 위에서 우리는 모든 것이 다 처음이다. 만약 당신이 출장이 잦은 사람이라면 출장 때마다 챙겨가는 물건 목록을 내놔보라. 당신 머릿속에 들어 있는 '대강의 목록'을 말하는 게 아니다. 종이에 썼거나 아니면 디지털 기기에 저장해놓은 '문서로 된 목록'을 말하는 거다.

없다고? 그럴 줄 알았다. 나는 지난 2년 동안 300번 넘게 출장을 다녔다. 처음에는 나도 목록이 없었다. 나는 이런 생각을 하며 출장을 다닌 것 같다. '비행기로 출장 가는 게 처음인 척하겠어! 그게 지난 출장 경험에서 아무것도 배운 게 없는 내가 이번 여행을 끔찍한 악몽으로 만들 수 있는 최선의 방법이니까!'

2년간 수백 번이나 출장을 다녔으면서 고작 '출장용 물건 목록'조차 만들고 다니지 않았다니. 나는 그 수백 번 동안 침대 발치에 걸터앉아 유튜브로 강아지 동영상이나 보며 나 자신을 속여왔던 것이다. '에이커프, 이번 출장도 대단할 건 없어. 한두 개쯤은 빠트려도 괜찮아. 이미 다 겪어봤잖아?'

늘 그런 식으로 대충 짐을 쌌고 늘 중요한 물건을 빠트리기 일쑤였다. 출장 때마다 운동용 바지를 샀다. 모든 도시에서 새 넥타이를 샀다. 지금까지 내가 출장 중에 치약과 칫솔에 구입하는 데 쓴 돈을 다

합치면 뉴욕에서 홍콩까지 가는 비행기 티켓을 살 수 있을 것이다. 비웃지 마라. 당신도 마찬가지다. 짐을 싸는 일은 아닐지 몰라도 당신 삶에서 이런 식으로 반복해서 '작동'되는 무언가가 반드시 있을 것이다. 모든 순간을 처음처럼 대하고 지난 경험에서 교훈 얻기를 포기한 것들 말이다.

기술을 갈고닦는다는 것은 새로운 것을 배우고 그 배움을 쌓아가는 것이다. 배운 걸 반복할 때마다 잘 닦아놓은 토대 위에 벽돌을 한 장씩 올리는 것이다. 벽돌을 점점 높이 쌓아가는 것이다. 하지만 많은 사람이 벽돌을 하나도 올리지 못한다. 매번 처음 시작하는 것처럼 토대만 닦아댈 뿐 진전이 없다. 이건 단순히 기술이 아니라 그 이상의 문제다. 우리는 일자리를 옮길 때마다 완전히 새로운 것을 시작하듯 행동한다. 하지만 그렇지 않다. 당신에게는 예전 회사에서 배운 멋진 기술들이 있다. 그걸 꺼내라(물론 버려야 할 나쁜 습관도 많을 것이다).

무언가를 처음 할 때 그 처음 몇 번에 온전히 집중할 수 있다면 우리의 삶은 어떻게 변할까? 처음 배우는 업무에 '노력'이라는 초기 비용을 지불하면 어떻게 될까? 우리가 늘 그대로인 이유는 처음 시작하는 게 너무 힘들다고 느끼기 때문이다. 출장을 서너 번 다녀온 뒤에 나는 종이 한 장을 책상 위에 올려두고 여행 때마다 필요한 물건의 90퍼센트를 알아냈어야 했다. 한 시간 정도 집중하면 충분했을 것이다. 하지만 난 그 시간을 투자하고 싶지 않았다. 그래서 매번 한 시간씩 짐을 쌌다. 거기에 지난 2년 동안 여행한 횟수 300번을 곱하면 나는 총 1만 8000분을 낭비한 셈이다.

나는 진작에 1만 8000분의 시간을 60분과 맞바꿔야 했을까? 물론이다.

↻ 오바마와 아인슈타인이 회색 정장만 입는 이유

처음에 60분만 투자했으면 나는 생각할 것도 없이 순식간에 '짐을 싸는 기술'을 터득했을 것이다. 앞에서 소개했던 브라질 요리사 알렉스 아탈라는 채소를 썰 때마다 늘 고민하면서 칼질을 할까? 아니다. 그의 능숙한 손놀림은 예리하고 기계적으로 척척 돌아간다. 하이디 그랜트 할버슨Heidi Grant Halvorson 박사는 『기회가 온 바로 그 순간』에서 이렇게 말했다.

"우리의 일을 최대한 많이 무의식에 위임할수록 일의 능률이 높아진다."

우리가 하는 모든 활동을 의도적으로 암기해서 습관처럼 몸에 배게 해두면 실제로 무언가를 처음 시도할 때 시간과 에너지를 절약할 수 있다. 통상적인 순서와 방법을 미리 정해둔 활동이 많을수록 삶의 다른 곳에 집중할 뇌의 공간이 많아진다. 이건 나만의 생각이 아니다.

1876년 크리스마스에 프랑스의 신비로운 작가 귀스타브 플로베르 Gustave Flaubert는 시인 친구에게 이런 편지를 보냈다. "부르주아처럼 삶을 규칙적이고 질서 있게 유지해야 합니다. 그래야 강렬하고 독창적인 작품을 쓸 수 있지요."

삶에 질서를 부여하면 우리는 훨씬 자유로워질 수 있다. 이는 알베르트 아인슈타인Albert Einstein 같은 역사적인 인물들이 즐겨 썼던 기술이다. 이 유명한 물리학자는 똑같은 회색 정장 여러 벌을 준비한 뒤 매일 돌아가며 회색 정장을 입었다. 아침마다 옷을 고르는 데 자신의 지력을 낭비하고 싶지 않았기 때문이다.

출생도, 하는 일도 다르지만 이 방법은 버락 오바마Barack Obama도 마찬가지였다.

우리는 하루라는 소중한 시간의 일부를 허비하게 만드는 온갖 일상적인 활동을 제거해야 합니다. 보면 아시겠지만 전 회색이나 푸른색 정장만 입습니다. 무얼 먹을지 무얼 입을지 같은 건 결정하고 싶지 않아요. 그것 말고도 해야 할 결정이 너무 많으니까요.

또 어디서 기회비용을 아낄 수 있을까? 미국에 있는 홈디포 사무실로 출퇴근하던 시절에 나는 매일 같은 경로로 차를 운전했다. 집에 오는 길을 선택하는 데 머리를 쓰고 싶지 않았다. 집으로 가는 길이 정해져 있다는 것은 다른 아이디어를 떠올릴 '정신적 공간'이 그만큼 넓어진다는 의미다. 일종의 '오토파일럿'(항공기, 로켓 등 비행체에 장착된 자동 운항 조종 장치-옮긴이) 같은 것이다. 하지만 오히려 오토파일럿이 해가 되는 경우도 있다.

나는 2008년에 블로그를 시작했다. 하루에 올려야 할 글이 워낙 많아서 일정한 틀을 만들어 그 틀 안에 콘텐츠를 붙여 넣어 반복적으로 업로드했다. 큰 실수였다.

다른 사람들의 블로그가 쌩쌩 달리는 고속도로 위를 질주하고 있었던 반면 내 블로그는 갓길에 서서 내 말을 빗질해주고 있었다. 나는 예전 방식에 갇혀 있었다. 그것이 내가 아는 유일한 방식이었기 때문이다. 나는 사진을 활용하지 않았다. 독자들이 더 짧은 글을 원한다는 그 모든 증거에도 1000자가 넘는, 욕 나오는 길이의 글을 올렸다. 최악은 동영상이 블로그의 중요한 요소로 부상하고 있다는 사실을 끝까지 인정하지 않은 것이다.

물론 예전의 것을 한꺼번에 내다버리고 끊임없이 새로운 것만 받아들이는 것이 해결책은 아니다. 새로운 기술을 배우겠다는 명분 때문에 가장 기초적인 옛 기술까지 버리는 건 옳은 선택이 아니다. 기술 사이의 긴장 관계를 잘 조율해야 한다. 반복해야 하는 기술은 반복하고, 혁신해야 하는 기술은 혁신해야 한다.

오토파일럿처럼 다뤄도 되는 기술이 있고 안 되는 기술이 있다. 안 되는 기술에 대해서는 우리가 기꺼이 조종사 역할을 맡아야 한다. 스스로에게 매일 새로운 임무를 부여해야 한다. 좀 더 막중하고 도전적이고 어려운 임무를 맡겨야 한다. 당신은 과거의 승리에서 교훈을 얻었다. 그 덕분에 똑같은 실수를 반복하지 않을 수 있다.

난 여섯 살짜리 아이들을 상대로 멋진 농구 경기를 펼칠 수 있다. 꼬맹이들이 던지는 슛은 얼마든지 막을 수 있다. 하지만 우리는 더 이상 여섯 살이 아니다. 더 실력 있는 선수들을 찾아나서야 한다. 더 힘든 과제를 수행해야 한다. 더 어려운 도전을 받아들여야 한다. 그렇게 하지 않으면 우리의 기술은 무뎌지고 말 것이다. 우리가 속한 업계는 우리를 그냥 지나쳐갈 것이다.

잘 모르겠다면, 같은 업계에서 당신보다 경력이 10년 많은 사람과 10년 적은 사람에게 물어보라. 만약 당신의 직업이 치과위생사라면 베테랑 선배들은 치아에 대한 지식만큼이나 사람들을 상대하는 기술 또한 상당히 중요하다고 알려줄 것이다. 반대로 경험이 적은 후배들은 얼마 전에 새로 도입된, 당신이 듣도 보도 못 한 새로운 기술을 배우도록 도와줄 것이다.

다시 강조하지만 '오늘'이 시간이 가장 많이 남은 날이다. 그러니 지금 당장 삽을 들고 당신의 방치된 텃밭으로 가라. 무성한 잡초를 향해 첫 삽을 찍어라.

지금 바로 시작해!

x 한 달이 지나면 삽이 필요하다. 6개월이 지나면 굴착기를 불러야 한다. 그러니 오늘 당장 시작하라.

x 반복적인 활동을 하나로 통합해 최단 시간 안에 해치울 수 있는 나만의 '오토파일럿'을 만들어라. 나만의 '정신적 공간'을 확보하라.

x 오토파일럿에 맡겨야 할 일이 있고, 맡기면 안 될 일이 따로 있다. 그 둘을 확실하게 구분하라.

15 실패하기로 작정한 사람들

모든 훌륭한 작품의 아버지는 불만이고, 어머니는 근면이다.

- 헝가리의 시인 러오시 커슈시어크

당신은 지금 틀에 갇혔다. 연봉은 몇 년째 제자리고 주변에 롤모델로 삼을 그럴싸한 동료도 없다. 항상 바쁘고 정신이 없지만 종일 무슨 일을 했는지 생각하면 아무것도 떠오르지 않는다. 아무리 생각해도 지금 하는 이 일이 내 경력에 도움이 될 것 같지도 않다.

경력의 천장에 도달한 당신은 결정의 기로에 직면했다. 오래전부터 이 상황을 대비했겠지만, 얄궂게도 마침 삶이 너무 바쁘게 돌아간다. 당신은 스스로 다음 봄까지만 이 일을 더 하겠다고 약속한다. 그

봄이 벌써 세 번 지났다. 그동안 연봉은 1원도 오르지 않았고, 직급도 제자리고, 온갖 이상한 일만 당신에게 떠넘겨졌다. 잠깐이라고 생각했던 일이 영원히 계속된다. 회사에서 기대하는 당신의 경력과 당신이 기대하는 스스로의 경력이 서로를 배신한 지 이미 오래다. 지금 다니는 회사에서 더 이상의 의미 있는 경력을 쌓기란 불가능해 보인다. 당신은 그동안 죽어라 일만 하며 한곳에서 독종처럼 버텼지만, 그 노력을 인정해주는 사람은 아무도 없다. 심지어 스스로조차도. 이럴 때 가장 필요한 무기가 바로 '기술'이다.

내 오랜 친구 매트는 엑스레이 기사다. 그의 상사는 말 그대로 끔찍한 인간이었다. 그의 일상은 형편없이 돌아가고 있었다. 직원들은 너 나 할 것 없이 자기 일을 싫어했다. 하지만 그만두는 사람은 아무도 없었다. 어느 날 매트에게 그 이유를 물었다. 그가 왜 다른 직장을 구하지 않는지 궁금했다. "존, 그런 소리 말아요. 지금 직장을 못 구해서 놀고 있는 엑스레이 기사가 얼마나 많은데요."

엄밀히 말하면 그의 말이 옳다. 그런 사람들이 있다. 지금 이 순간에도 수많은 엑스레이 기사가 매트와 같은 고민을 하고 있을 것이다. 일자리를 구하기란 쉽지 않으니까.

하지만 정직해지자. 같은 일을 하는 사람들이 직장을 못 구한다고 해서 당신이 꼭 안 좋은 직장을 계속 다녀야 하는 걸까? 정말 하고 싶은 이야기가 뭔가? 그 사람들이 전부 일자리를 구할 때까지 당신은 다른 곳에 지원할 수 없다는 이야기인가? 아니면 그때까지 실패하기로 마음먹고 입만 벌린 채 사과가 떨어질 때까지 기다리겠다는 건가? 말도 안 되는 소리다.

언제나 세상에는 실직 상태인 엑스레이 기사가 존재할 것이다. 하지만 이것은 경력의 전환을 망설일 이유가 될 수 없다. 그저 하나의 단순한 사실에 불과하다. 안타깝게도 매트는 이 변명 안에 제 발로 들어가 단단히 문을 걸어 잠그고 갇히기로 마음먹었다. 틀에 갇힌다는 것은 무엇일까?

자기가 만든 우리에 스스로 들어가놓고선 마치 다른 사람이 놓은 덫에 걸린 사람처럼 절망에 빠지는 것.

이것이 바로 틀에 갇힌다는 의미다. 그럴 때 우리에게 필요한 것이 기술이다. 틀에 갇혔을 때 우리가 실제로 선택할 수 있는 것은 두 가지뿐이다. 계속 틀에 갇혀 있거나 그 상황을 바꾸거나.

'갇혀 있기'를 선택하면 자기도 모르게 그걸 운명이라고 결론 내린다. 어쩔 수 없다고 자위한다. 지금 처한 상황을 정당화하는 교묘한 캠페인이 마음속 깊은 곳에서 벌어진다. 남 핑계를 대고, 극심한 경기 침체를 탓한다. 급기야 이대로도 나쁘지 않다고 자신을 속인다. '그렇게 끔찍한 곳은 아니다', '이만하면 괜찮다'라는 식으로. 그리고 시간이 충분히 지나면 결국 그 상황을 바꿀 수 있다는 사실조차 잊는다.

↻ 화장실 정도는 제발 그냥 가!

영화 「쇼생크 탈출The Shawshank Redemption」에서 레드(모건 프리먼 분)는 삶의 대부분을 바친 감옥에서 나와 마침내 자유의 몸이 된다. 이 영화에서 가장 슬픈 장면은 레드가 식료품점에서 일을 하다가 매니저에게 화장실에 가도 되냐고 묻는 장면이다. 매니저는 짜증을 내며 이렇게 말한다. "그냥 가요. 알았죠?"

우리 주변에는 죄를 지어 감옥에 가진 않았지만 "화장실 정도는 제발 그냥 가!"라고 말해주고 싶은 친구가 여럿 있다. 우리 눈에는 그들이 저지르고 있는 실수, 그들이 갇혀 있는 틀, 결코 좋아질 리 없는 그들의 직장, 모든 직장을 끔찍한 곳으로 만들어버리는 그들의 나쁜 태도가 너무 잘 보인다. 몹시 선명해서 우리가 처음에 느꼈던 연민은 어느새 답답함으로 바뀌어 끝내 짜증으로 변하곤 한다.

이따금 우리도 그런 선택을 한다. 나는 마지막 퇴사 이후에 앞으로 무엇을 해야 할지 알 수가 없었다. 어느 방향으로 가야 할지 갈피를 잡지 못했다. 당시 나는 향후 30년간 변치 않을 완벽하고 무결한 계획을 원했다. 심지어 그 직전까지 지인들에게 "몇 걸음 가보지도 않았는데 당신의 삶 전체를 이해할 필요는 없어요"라고 조언을 해댔으면서도, 그 말을 내 삶에 적용하는 것은 철저히 외면하고 있었다. 나는 발에 20킬로그램이 넘는 쇠고랑을 차고 생기 없는 음악을 들으며 틀 안에 안주했다.

그때만 해도 나는 미래를 예견할 수 없어도 현재는 바꿀 수 있다는

10년 안에 책을 다섯 권 더 쓸 거라고는 말할 수 없다. 하지만 올해 한 권을 쓸 거라고는 말할 수 있다.

10년 안에 내 블로그 독자가 500만 명이 될 거라고는 말할 수 없다. 하지만 오늘 새 글을 올릴 거라고는 말할 수 있다.

10년 안에 TED에서 강연을 하고 있을 거라고는 말할 수 없다. 하지만 다음 주 지역 행사에 참석해 연설할 거라고는 말할 수는 있다.

내가 세운 틀 안에 갇혀 있지 않겠다는 결심이 서자, 지금 당장 배우거나 활용할 수 있는 기술들이 보이기 시작했다. 천장에 부딪히는 것은 실패가 아니라 훈련이다. 천장에 다다르기 전까지는, 즉 틀에 갇히기 전까지는 내가 지닌 기술을 발전시킬 동기가 부족했다. 그러나 천장에 다다르자 이제 단단한 천장이 당신에게 한 가지 일을 끝내고 다음 단계로 넘어갈 만한 근성이 있는지를 물어본다. 작가 세스 고딘 Seth Godin은 경력의 천장을 "딥Deep"이라고 부른다.

"딥은 당신과 같은 사람들을 계속 돌려보내기 위해 설치한 인공 장막입니다. 의대생들에겐 '유기화학' 과목이 그런 예죠. 의학계에서는 동기가 부족한 사람들이 의대에 너무 많이 지원하는 것을 막기 위해 유기화학이라는 장막을 친다고 합니다. 유기화학은 머리를 쥐어뜯고 싶을 만큼 어려운 과목인데, 그래서 의사와 심리학자를 분리시키는 장막 역할을 하죠. 유기화학을 감당하지 못하는 의대생들은 심리학

과로 도망치거든요."

고딘의 말이 옳다. 경력의 천장은 게으르고 불성실한 사람들을 걸러낸다.

↻ 워워, 화염방사기는 내려놓으세요

천장에 부딪히면 분노를 조심하라. 당신의 마음속 어딘가에서 비통함이 순식간에 자랄지 모른다. 내가 마지막으로 다닌 회사에서 더 이상 앞으로 나아갈 수 없는 상황에 처했을 때 나는 새로운 기술을 배우거나 경험해본 적 없는 직무에 도전하는 대신 심통을 부리는 데 몰두했다. 그것도 아주 집요하고 성실하게. 틈만 나면 남들을 탓하고 회사를 욕했다. 최악의 머저리가 됐다. 나는 기술에 부스터를 다는 대신 분노라는 감정에 부스터를 달았다. 하루에도 수십 번씩 화염방사기로 회사를 불태우는 상상을 했다.

경력의 천장을 부순다는 것은 직장을 그만둬야 한다는 의미가 아니다. 지금 다니는 회사에서 더 가치 있는 일을 찾아 더 가치 있는 경력을 쌓겠다는 뜻이다. 그러고 난 뒤에 더 좋은 회사에 들어가 제대로 실력을 발휘하면 된다. 당신은 벤처기업에서뿐만 아니라 대기업에서도 세상을 발칵 뒤집어놓을 만큼 중요한 일을 할 수 있다. 당신은 더 나은 대우를 받을 자격이 있다. 당신은 더 높은 몸값을 받을 자격이 충분하다.

앞에서 작성했던 메모지를 다시 꺼내보자. 어떤 기술이 망치가 되어줄지 따져보라. 그리고 스스로에게 이렇게 물어라.

"왜 경력의 천장에 부딪혔지? 내가 가진 기술 중에 이 천장을 부수는 데 도움이 될 망치는 뭐지?"

메모지에 적힌 기술 중에서 망치로 쓸 만한 기술이 없다는 판단이 서면 다시 질문을 던져라.

"어떤 기술을 새로 배워야 할까?"

이 두 가지 질문에 답이 잘 떠오르지 않으면 인맥을 다뤘을 때 확인했던 친구에게 찾아가 도움을 청하라. 그들은 오히려 당신보다 훨씬 현실적이고 예리한 조언을 해줄 것이다.

보스에서 일할 때 나는 내가 뚫을 수 없는 경력의 천장에 부딪혔다고 믿었다. 그러나 다행히 친구에게 부탁할 정도의 분별은 잃지 않았다. 친구는 내게 적절한 조언을 해줬다. 보스는 일하기 정말 좋은 회사였다. 나는 천장에 부딪힌 게 아니었다. 보스는 기회로 가득한 곳이었다. 내가 틀에 갇혔다고 좌절한 이유는 그 천장에 걸맞은 망치를 쥐고 있지 않아서였을 뿐이다.

당신은 당신의 경력에 걸맞은 망치를 쥐기 바란다. 모든 기술은 망치가 될 수 있다. 그러니 어서 망치질을 시작하라. 경력의 천장은 반드시 부서지게 되어 있다.

3부

나쁜 놈들은
항상 이기지,
아주 잠깐은

경력이 전환되는 순간에 이르면
우리의 수준은 무서울 정도로 적나라하게 드러난다.
바로 이때 놀라운 잠재력을 발휘해
상황을 역전시키는 것이 태도와 자세다.
당신의 인성이다.

인성은 당신이 어떤 사람인지를 보여준다.

이 문제에 관해서는 지난 수천 년간 종교, 문학, 과학, 철학 분야의 현인들이 그 해답을 찾기 위해 애써왔다. 그들의 이야기를 여기에서 반복하는 것은 큰 의미가 없을 것 같다. 하지만 태도, 자세, 마음가짐, 인식 등 추상으로 꽉 찬 '인성'이라는 덕목이 우리가 하는 일에 어떻게 영향을 미치는지에 관해서는 자세히 살펴볼 필요가 있다.

인성은 우리의 경력을 구성하는 다양한 요소를 잇는 회반죽이다. 우리의 인맥과 우리의 기술과 우리가 일하는 방식을 단단하게 엮어 상승효과를 이끌어내는 끈이다. 자, 지금까지의 내용을 복습해보자. 인맥은 당신에게 첫 번째 일자리를 가져다줬다. 알량한 자존심 때문에 굴러온 복을 걷어찼다고? 좋다. 그럼 기술이 당신에게 두 번째 기회를 가져다줄 것이다. 게으름과 무기력 때문에 그 자리마저 놓쳤다고? 그렇다면 이제 인성이 당신에게 세 번째 기회를 줄 것이다.

인성은 당신이 어떤 일을 그르쳤을 때 주위 사람들로 하여금 당신에게 한 번 더 기회를 주고 싶게 만드는 '기묘한 힘'이다. 우리의 경력이 승승장구로 질주할 때 우리가 자만하거나 성공에 도취해 망가지지 않도록 붙잡아주는 '자제력'이다.

기술도 뛰어나고 인맥도 탄탄하고 기관차 같은 추진력도 있지만 인성이 좋지 않으면 결국 영광의 자리에서 추락한 운동선수나 정치인 같은 운명을 맞게 될 것이다.

개인의 인성이 몸값을 높이는 데 왜 중요할까? 일터에서는 모든 것이 사적이기 때문이다. 우리는 경력이나 일의 영역에 대해 '그건 개인적인 일이 아니라 비즈니스야'라는 식으로 생각하는 경향이 있다. 정말 그런가?

우리가 하는 모든 일에는 개인적인 결과가 따른다. 그 일이 그냥 일일 뿐이라는 믿음이 확고할수록 다른 사람에게 비열하게 행동하기 쉬워진다. 당신도 그랬던 적이 있을 것이다. 이건 일일 뿐이라고 스스로를 설득하며 후배에게 일을 맡긴 적이 없는가? '여기까지만 내가 개인적으로 연락할 가치가 있는 사람들이야' 하고 관계의 선을 긋지 않았는가? 동료가 덤벙거리고 꼼꼼하지 않다고 면전에서 비난하진 않았는가?

인성은 경쟁력이 있다. 물론 면접관들은 이력서에 적힌 자격증과 기술, 경력을 우선적으로 살피지만, "이상하게 마지막 지원자에게 호감이 가네?"라고 말하며 엉뚱한 결과를 발표하기도 한다. 인성은 측정하기는 어렵지만 무시하는 건 불가능하다.

사람을 대하는 태도가 진실하지 않으면 탄탄한 인맥을 쌓을 수 없다. 가식과 계산으로 얼룩진 인간관계는 아무 데도 쓸 수 없다. 사람들은 인격적으로 호감이 가지 않는 사람을 본능적으로 피한다. 당신이 가진 기술이 필요해서 옆에 두고 함께 일을 할지는 몰라도 비슷한 기술을 보유한 다른 사람이 나타나거나 혹은 더 싸게 그 기술을 구할 방법이 생기면 곧바로 당신을 내팽개칠 것이다.

잠깐, 그런데 현실에서는 원래 나쁜 놈들이 항상 이기지 않나? 그렇다. 숱하게 이긴다. 믿지 못하겠다면 뉴스를 틀어봐라. 우리가 실제로 아는 사람들 중에도 싸가지는 없는데 출세 가도를 달리는 사람이 수두룩하다. 당장 당신이 일하는 회사의 임원들만 봐도 그렇다. 착한 점이라고는 눈을 씻고 찾아봐도 없지만 고급 외제차를 몰고 다니고 승진 명단에는 빠지는 법이 없다. 아니, 어쩌면 그 상사는 출세를 위해서라면 어떤 나쁜 짓도 서슴지 않는 악랄한 성격 덕분에 그 자리에 오른 걸지도 모른다.

나는 좋은 인성을 갖추는 것이 구직 시장에서 이기는 유일한 방법이라고 말하려는 게 아니다. 그렇지 않다. 다만 최선의 방법임은 분명하다. 훌륭한 인성은 당신의 인맥을 온전히 유지해준다. 당신의 이름과 명성을 지켜준다. 당신의 기술이 녹슬지 않도록 쉬지 않고 감시해준다. 밤에 두 다리 쭉 뻗고 잘 수 있게 해준다. 물론 나쁜 놈들이 이긴다. 하지만 그 과정에서 비참해지는 녀석은 한둘이 아니다. 아니, 그냥 전부라고 생각해도 좋다. 그리고 그들의 나쁜 승리는 언제나 일시적이다. 그걸 내가 어떻게 아냐고? 그런 사람들의 몰락을 많이 봐서 안다.

더 높은 연봉, 더 큰 권한, 더 유리한 조건 등 경력 전환의 좋은 기회를 맞게 되면 누구나 판단력이 흐려진다. 자신은 그런 조건을 제시받을 만한 가치가 있는 사람이라고 착각하게 된다. 원칙을 무시하고 지금 있는 조직에 해를 끼쳐도 괜찮을 것이라는 유혹에 빠진다.

'나 정도면 그래도 괜찮잖아?'

혹시 주변에 이런 사람을 본 적 있는가? 그들이 처참하게 몰락해 바닥으로 나뒹구는 모습 말이다. 직장생활을 할 때 당장 기대했던 결과를 얻지 못하면 인내심을 잃기 쉽다. 좋은 인성은 그럴 때마다 당신의 초조함을 다스리고 조금씩 앞으로 나아가게 해줄 것이다.

3부에서는 모든 사람이 함께 일하고 싶은 사람이 되기 위한 매력적인 인격을 쌓는 방법을 소개할 것이다.

나는 당신에게 과수원을 가꾸라고 조언하고 싶다. 무슨 말이냐고? 들어보면 안다.

16

우리의 퇴사는
왜 늘 불행할까?

현재는 미래를 살 수 있는 유일한 화폐다.

- 영국의 시인 새뮤얼 존슨

'인성을 가꾸라'는 말은 어떻게 보면 최악의 조언이다. 평생 쉬지 않고 해야 하는 일인데 어떻게 최악이 아닐 수 있겠는가.

이 책에서 설명하는 다른 세 항목은 결과가 좀 더 즉각적으로 나타난다. 인맥은 한동안 말을 안 섞고 지낸 친구한테 당장 전화를 걸면 된다. 기술은 배우고 싶은 기술 강좌에 등록하면 되고, 추진력은 일찍 일어나 그 기술을 열심히 단련하면 된다. 그런데 인성은?

인성은 진도가 아주 느리다. 게다가 굉장히 애매한 주제다. 인성을 정의하고, 논의하고, 토론하는 방법은 셀 수 없이 많다. 그래서 나는 이 지루하고 애매한 주제를 당신에게 좀 더 단순하고 선명하게 설명하기 위해 인성을 과수원에 비유할 것이다.

인성은 과수원이다.

과수원에는 무엇이 있을까? 나무, 잡초, 농부가 있다. 당신은 농부다. 나무는 당신의 성격적 특성이다. 나무는 땅에 심고 물을 주고 정성스럽게 돌보면서 느긋하게 키워야 한다. 반면 잡초는 당신의 과수원을 망가뜨리는 모든 것이다. 문제는 잡초가 나무보다 훨씬 빨리 자란다는 것이다. 심지어 하룻밤 사이에 불쑥 튀어나오기도 한다.

나무가 언제 다 자라냐고? 언제 성목이 되냐고? 그건 시간이 좀 걸린다. 초창기에는 당신이 원하는 만큼 결실을 얻지 못할 수도 있다. 게다가 과수원을 꾸민 첫해에는 사과를 한 알도 수확하지 못한다. 언덕에 나뒹구는 과일일랑 꿈도 꾸지 마라. 두 번째 해에도 수확량은 많지 않을 것이다. 맛있는 파이를 잔뜩 만들 만큼 사과를 따려면 최소한 5년은 걸린다. 이쯤에서 옛 속담을 하나 인용하겠다.

나무를 심기에 가장 좋은 때는 20년 전이고, 그다음으로 좋은 때는 지금이다.

20년 전으로 돌아가진 못해도 우리에겐 지금이 있다. 그러니까 우리는 지금 당장 나무 한 그루를 심어야 한다.

⟳ 첫 번째 나무 심기

당신의 경력과 관련하여 더 발전시키고 싶은 성격적 특성은 무엇인가? 하나만 골라라. 세 개나 다섯 개가 아니다. 하나다. 단, 당신의 성격적 특성 중에서 이미 뛰어난 것도 안 된다. 세상 모두가 당신이 인내심 하나는 끝내준다는 사실을 잘 알고 있다. 과수원에 이미 사과가 주렁주렁 매달린 튼튼한 성목 한 그루가 있다는 것도 잘 알겠다.

내가 당신에게 바라는 건 이미 건강하게 잘 자란 나무에 잔가지 하나를 더 내는 게 아니다. 당신에게 없었던 새로운 작은 묘목 한 그루를 심기 바라는 거다.

잊지 마라. 당신이 과수원에 그 나무를 심는 이유는 경력의 도약이 이루어질 때 가장 혹독한 시험을 치르는 것이 인성이기 때문이다. 그 시기에는 커다란 과수원이 필요하다. 웅장한 나무 몇 그루만 덜렁 존재하는 그런 과수원이 아니라, 울창한 나무가 숲을 이룬 거대한 과수원 말이다.

'내게 가장 필요한 성격적 특성은 뭘까?' 이 질문은 혼자서 답을 찾을 수도 있지만 때로는 좀 더 깊이 파고들어야 한다. 혼자 고민해도 잘 모르겠다면 친구에게 커피를 마시자고 하라. 당신이 이 책에서 지금까지 내가 제안한 모든 걸 성실하게 이행했다면 이번이 아마 그 친

구와 마시는 다섯 번째 커피가 될 것이다. 당신의 모든 고민을 상담하는 지지자를 만나 라지 사이즈 커피를 주문하고 "내 경력 문제를 풀어줘요!"라는 라지 사이즈 주제에 대해 대화를 나눌 수도 있다. 선택은 당신 몫이다. 만약 당신의 지지자가 "자네는 지금 있는 그대로 완벽하다네!"라고 대답했다면 그냥 자리를 박차고 나와라. 그들은 당신의 지지자가 아니다.

　우리가 지닌 성격적 결함에서 답을 찾을 수도 있다. 당신에겐 어떤 성격적 결함이 있는가? 직장에서 일하는 많은 사람이 '완벽주의'를 시급히 해결해야 할 자신의 단점으로 인식하고 있을 것이다. 나도 그랬으니까. 지나친 완벽주의는 동료를 믿지 못하고 스스로를 무력감에 빠뜨린다. 자제력은 직장에서 당신이 부단히 노력해야 할 덕목이다. 다른 사람 뒷얘기는 잠깐은 재밌고 기분 좋을지 몰라도 다른 사람들이 가지고 있는 당신에 대한 신뢰를 서서히 약화시킨다. 당신의 신뢰도를 높이고 싶다면 타인에 대해 함부로 말하는 버릇을 없애야 한다. 이미 너무 완벽해서 발전시키고 싶은 성격적 특성이 없다고? 그럼 그냥 '정직함'이라고 적어라. 당신은 거짓말쟁이다.

↺ 당신 인성의 패턴은 무엇인가

여전히 당신의 속을 잘 모르겠다면, 이번엔 훨씬 멀리서 과수원을 넓게 바라보라. 헬리콥터를 타고 높이 올라가 과수원을 내려다본다고 상상해보자. 경력과 관련된 어떤 패턴이 보이는가? 예를 들어, 그동안 내가 겪은 수많은 이직의 패턴은 다음과 같았다.

1. 새 직장에 입사한다.
2. 6개월간 즐겁게 일한다.
3. 지루해진다.
4. 억울해진다.
5. 떠난다.
6. 새 직장에서 같은 패턴을 반복한다.

하지만 이 책을 쓰는 동안 그 패턴에 빠진 게 있다는 사실을 깨달았다.

1. 새 직장에 입사한다.

2. 6개월간 즐겁게 일한다.

3. 지루해진다.

4. 억울해진다.

5. '잘리기 직전'이라는 최악의 상황에 스스로를 몰아넣는다.

6. 역전승을 거둘 계획을 짠다.

7. 회사가 내게 흠뻑 빠질 정도로 열심히 일하다 제풀에 지친다.

8. 떠난다.

9. 새 직장에서 같은 패턴을 반복한다.

5단계에서 내 능력을 과신하다가 6, 7단계는 시작도 못 해보고 잘리거나, 다행히 두 단계를 실행했지만 결국에는 제풀에 지쳐 회사를 떠났다. 나는 늘 이런 식이었다. 이 패턴을 가만히 살펴보자 문제의 핵심이 무엇인지 알 것 같았다. 문제는 대혼란이었다. 나는 모든 직장에서 일종의 소용돌이를 만들어냈다. 일이 잘 돌아가면 거기에 수류탄을 던졌고 일이 안 풀리면 다이너마이트를 던졌다.

내가 마지막으로 직장을 그만뒀을 때 막내딸이 말했다. "아빠는 이제 직장이 없네요." 배에 조그만 주먹을 한 방 맞은 기분이었다.

직장을 한 군데 이상 다녔다면 당신에게도 패턴이 있을 것이다. 앞에서 우리가 기술의 일관성을 찾았던 것과 같은 방식으로 당신이 지닌 인성의 일관된 특징을 찾아야 한다. 누구에게나 패턴이 있다. 우리가 그동안 걸어온 경력이라는 길에서 잠시 한 발짝 벗어나, 우리 뒤에 놓인 패턴이 무슨 말을 하는지 귀를 기울여보자.

첫째, 지금까지 당신이 했던 일을 모두 적어라. 정규직, 계약직, 아르바이트는 물론이고 심지어 아버지나 어머니의 사소한 심부름까지 모두 적어라.

둘째, 당신의 업무 성과를 간단하게 요약하라. 사원에서 대리로 승진한 회사는 어디인가? 가장 성공적으로 수행한 프로젝트는 무엇인가? 당신이 들어본 가장 오글거리는 칭찬은 무엇인가? 가장 우수한 인사고과 성적은 언제 받았나?

셋째, 퇴사 방식을 적어라. 해고당한 곳이 있는가? 몇 번이나 당했나? 아예 그 업계를 떠났나? 다른 회사에서 더 좋은 제안을 받았나?

넷째, 직장을 떠날 때 사람들과의 관계가 어땠는지 구체적으로 적어라. 카페에서 우연히 옛 동료들을 만나면 어색할 것 같은가? 당신의 능력을 아쉽게 여긴 그 회사에서 당신에게 프리랜서 일을 부탁했나? 상사가 당신에게 훌륭한 추천서를 써줬나?

길게 쓸 필요 없다. 예를 들어 내 답은 이렇다.

첫째, 나는 보스에서 정규직으로 일했다.
둘째, 승진을 했고 중요한 직책을 맡았지만 종종 노력 부족과 거만한 태도로 질책을 받았다.
셋째, 나는 매사추세츠주에서 조지아주로 이사를 했는데, 그것이 그 회사를 떠나는 결정적인 계기였다.
넷째, 인간관계는 좋았다. 회사는 내게 정직원 자리를 다시 제안했고, 나는 프리랜서로 몇 년간 그 회사와 일했다.

다녔던 직장마다 이 질문지를 작성하고 그 경험들 사이에서 공통점을 찾아라. 3번 질문의 답이 전부 "다른 회사로부터 더 나은 일자리를 제안받았다"라면 정말 멋진 경력이다. 당신의 과수원에는 이미 튼튼한 성목 수십 그루가 자라고 있다. 하지만 4번 질문의 답이 전부 "그들과의 관계를 활활 불태워버렸다"라면 지금 당장 과수원에 들어가 소매를 걷어붙이고 잡초를 뽑아야 한다.

↻ 인성을 갉아먹는 잡초들

지금까지 함께 일했던 사람들 중에서 인성이 좋은 사람 세 명을 대는 것보다 인성이 쓰레기 같은 사람 30명을 대는 게 훨씬 쉬울 것이다. 우리는 등에 느꼈던 따스한 토닥거림보다 등에 꽂혔던 칼을 더 잘 기억한다. 같이 일하는 게 악몽 같은 사람들의 한 가지 공통점이 있다. 인성이 부족하다는 것이다. 그들의 과수원은 보나마나 이런 잡초들로 가득할 것이다.

불성실함: "회사에서 제일 중요한 사람은 나야"
'팀을 위한 희생'이라는 구호는 이들이 가장 듣기 싫어하는 말이다. 이들에게 회사는 온전히 '나의 이익'을 위해서만 존재한다. 내가 가장 치열하게 뽑고 있는 잡초도 이 녀석인데, 여기에는 온갖 유형의 행동이 포함된다. 그들은 작은 실수를 좀 더 큰 거짓말로 덮는다. 그 자리에 없는 사람 험담을 해놓고 막상 그 사람 앞에서는 상냥한 태도를 보인다. 자기가 하지 않은 일을 자기가 했다고 말하고 다니며, 거창한 계획에 비해 늘 결과는 약소하다.

비관주의: "나는 너무 슬퍼, 왜냐하면 너무 슬프니까"
부정적인 면만 보는 능력과 부정적인 기운을 퍼트리는 재능을 가진 사람과 함께 일하는 건 몹시 괴롭다. 비관주의에 빠진 동료가 "우리 회사에서 나만 부당한 대우를 받고 있어"라고 말하기 시작하면 그날 하루는 완전히 공쳤다. 그들은 해결될 수 없는 문제가 해결될 때까지 당신을 붙잡고 놔주지 않을 것이다. 이들은 꿈을 꿀 수 없을 때까지 비관을 계속하다 끝내 스스로 무덤을 파고 관 속으로 들어간다.

무관심: "알게 뭐야"
이들은 모든 일을 전화로 처리하려고 한다. 무관심은 여러 악덕 중에서도 가장 쉽게 눈에 띄는 잡초다. 무관심이라는 잡초를 경계해야 하는 이유는 경력의 도약을 시도하는 당신의 능력을 심각하게 손상시키기 때문이다. 무관심은 긍정적이고 자발적인 경력의 전환에 필요한 우리의 모든 의지와 에너지를 갉아먹는다.

자, 지금부터 60초 동안 지금까지 함께 일해본 사람 중에서 정말 일하기 싫었던 사람이 누구인지 떠올려보자. 그 사람의 과수원에는 어떤 잡초가 보이는가? 그 사람의 잡초를 확인했다면 이제 이렇게 질문을 바꿔보자.

"저 잡초들이 내 과수원에도 있나?"

지금 바로 시작해!

× 인맥은 당신에게 첫 번째 일자리를, 기술은 두 번째 일자리를 가져다준다. 그리고 좋은 인성은 세 번째 기회를 얻을 수 있게 해준다.

× 훌륭한 인성을 갖추려면 많은 시간이 걸린다. 오늘 당장 한 가지 미덕을 땅에 심어라. 당신 인생에서 오늘이 새로운 나무를 심기에 가장 빠르고 좋은 날이다.

× 과수원 전체를 조망하라. 당신의 경력에 나타나는 패턴을 찾아라. 나무 하나하나부터 과수원 전체 그림까지, 당신은 당신의 경력에 실제로 어떤 일이 벌어지고 있는지 계속 확인해야 한다.

17 탐욕을 억제하는 해독약

누군가를 섬기면 그도 당신을 섬길 것이다.

- 미국의 시인 레이첼 나오미 레멘

어느 금요일이었다. 강연을 마치고 학생들과 어울리며 다음 강연을 기다리고 있었다. 멀리서 익숙한 중절모를 쓴 남자의 모습이 보였다. 아버지였다. 그는 나를 만나기 위해 하루 일정을 조정하고 왕복 5시간을 운전했다. 아버지는 다시 내 강연이 끝나기를 기다렸고 일정을 모두 마친 나는 아버지와 집으로 돌아갔다. 돌아가는 길에 아버지는 내게 정중한 태도로 한 가지 제안을 했다. 병원에 입원해 있는 열일곱 살 소년을 방문해 부활절 예배를 드릴 예정인데 함께 참석하지 않겠느냐는 것이었다.

나의 아버지는 목사다. 그 소년은 원인 불명의 병에 걸려 사경을 헤매다가 이제 겨우 의식을 회복하고 생명 유지 장치를 떼어냈다. 몇 주 만에 새 심장을 이식하고 지금은 서서히 건강을 회복하는 중이었다. 아버지는 그의 가족에게 소년을 위해 중환자실에서 부활절 예배를 드려도 되는지 물었고 그의 가족은 기꺼이 승낙했다.

"존, 내일 같이 가지 않을래?" 아버지가 물었다. "아주 특별한 순간이 될 거 같거든." 나는 잠깐의 망설임도 없이 대답했다. "안 될 거 같아요. 그래도 생각은 해볼게요." 안 간다는 뜻이었다.

사건의 전말을 들은 아내가 내게 말했다. "그러니까 아버님은 당신을 직접 보고 그 이야기를 하시려고 5시간 동안 운전을 하신 거네." 그제야 나는 내가 무얼 잘못했는지 깨달았다.

탐욕.

나는 마치 내가 관대함에 통달한 도인처럼 굴며 탐욕스러운 중생에게 내가 깨달은 지혜를 나누어주겠다는 식으로 이 장을 시작하고 싶지 않다. 오히려 걸핏하면 탐욕이라는 진창에 빠져 허우적대며 몸부림치는 한 인간의 심정으로 이 글을 쓴다. 당신이 조금이나마 나와 공감하는 부분이 있다면, 이 장은 우리 둘 모두에게 조금은 도움이 될 것이다. 관대해지지 않고서 우리는 결코 의미 있는 경력을 쌓을 수 없기 때문이다.

↻ 아무런 계산 없이 베풀기

2013년 나는 중대한 경력의 기로에 섰다. 전설적인 투자가 데이브 램지로부터 독립을 선언한 것이다. 당시만 해도 나는 내 능력이 지나치게 울창한 숲에 가려 돋보이지 않는다고 생각했다. 현실은 차가웠다. 램지라는 그늘이 사라진 나를 인정해주는 곳은 단 한 군데도 없었다. 2014년 봄, 한 친구가 연락을 했다. 그리고 그 친구의 도움으로 나는 부랑자 신세를 벗어날 수 있었다. 그 친구가 내게 제시한 조건은 깜짝 놀랄 만큼 관대했다. 마침 시기도 그보다 더 좋을 수 없었다.

 1년이 지난 2015년에 그 친구가 재계약을 제안했다. 2014년부터 2015년 사이 내 업무의 양은 크게 늘었다. 나는 내 연봉을 올리는 게 마땅하다고 생각했다. 10억 달러 규모의 회사 경영을 돕고 있는 내 지지자에게 의견을 물었다. 그는 내 장인이다.

"그가 얼마를 부르든 무조건 받아들이게."

 그는 더 나은 조건을 얻어내기 위한 고도의 협상 기술을 제안한 것이 아니었다. 그 친구를 교묘히 조종하라는 의도로 그렇게 말한 것도 아니었다. 그 친구가 내게 보여준 관대함에 보답하라는 것이었다. 내가 몹시 힘들었던 시기에 그는 나에게 아량을 베풀었다. 나는 그에게 빚을 졌고, 어떤 식으로든 그 빚을 갚아야 했다. 관대함이란 이런 것이다. 내가 누구에게 어떤 빚을 졌고, 그 빚을 어떻게 갚을 것인지 끊임없이 고민하는 예민하고 사려 깊은 감수성.

 관대함은 충성심을 낳는다. 당신이 관대함을 보이면 그 사람은 당신이 쓰러졌을 때 다시 일어설 수 있는 기회를 함께 찾아줄 것이다. 당신이 무언가 위험을 무릅쓰고 위기에 몰렸을 때 당신을 지지하고 변호해줄 것이다.

문제는 몸값을 높이거나 더 좋은 회사로 이직을 할 때 우리가 상상 이상으로 탐욕스러워진다는 사실이다.

두려움이 속삭인다. 벨트를 단단히 조이라고. 지금은 남들에게 관대해질 때가 아니라고. 그런 알량한 선의는 위기를 돌파한 뒤에나 고민해보라고. 지금은 인생에서 가장 중요한 일을 하고 있으니 모든 감정을 배제하고 정면만 바라보라고. 당신이 보유한 모든 자원은 금고에 넣어두고 다른 사람의 자원을 쓰라고.

당신도 처음에는 너그러운 마음으로 가득했을 것이다. 하지만 높은 곳에서 떨어져 바다에 착지하는 순간 현실의 충격을 실감하고 무의식적으로 주먹을 불끈 쥐게 되었을 것이다. 두려움을 느낀 본능이 최대한 세게 주먹을 움켜쥐라고 외친다!

하지만 정말 그런 위기 상황이 벌어질까? 주변 사람들에게 주먹을 날리고 그들의 권리를 빼앗아 덕지덕지 내 경력을 채워야 할 정도로 급박하고 절박한 상황이 벌어질까? 아닐 것이다. 관대함으로 두려움을 단호히 물리쳐라. 아무런 계산 없이 당신이 가진 시간과 재능, 자원을 관대하게 베풀어라. 보답을 기대하면서 얼마나 베풀었는지 마음에 새겨둔다면 그건 '관계'가 아니라 '거래'다.

⟳ 탐욕은 관대함보다 비싼 대가를 치른다

일에 관해 우리가 늘 착각하는 것이 있다. '내가 이기려면 다른 사람이 져야 한다.' 승자독식 게임. 기본적으로 일이라는 것은 회사와 회사가 만나 서로의 자원을 거래하는 일련의 모든 과정이다. 당연히 누군가는 손해를 보고 누군가는 이익을 본다. 이익을 본 회사는 당신에게 성과급을 지급할 것이고, 반대의 경우라면 연말 인사 평가에서 당신에게 경고를 날릴 것이다. 정말 그럴까?

마케팅 전문가 로이 윌리엄스가 쓴 책 『광고라는 도마뱀The Wizard of Ads』에는 이런 말이 나온다.

> 테이블에 반드시 무언가를 남겨둬야 할 때가 있다. 언젠가 그 사람과 다시 사업을 하고 싶다면 테이블에 약간의 여지를 남겨라. 누군가가 당신에 대해 좋게 말해주기를 바란다면 테이블에 약간의 여지를 남겨라. 누군가를 당신의 지지자나 친구로 만들고 싶다면 모든 거래가 당신과 그 사람에게 동시에 유리하게 만들어라. 그렇지 않을 때는 그렇게 되도록 거래 조건을 바꿔라.

우리는 언제나 관대해질 수 있다. 다만 그러려고 노력하지 않을 뿐이다. 더 큰 문제는 탐욕이 당신 마음대로 껐다 켰다 할 수 있는 게 아니라는 것이다. 탐욕은 당신의 모든 선택에 스며들어 있는 독이다.

내 친구 빌은 수백만 달러 규모의 회사에서 일을 했었다. 그의 사

장은 아주 폼 나게 사는 사람이었다. 개인 전용기를 갖고 있었고, 요일마다 차를 바꿔 탔으며, 아마 배도 있었던 것 같다. 직원 30명의 그 작은 회사에서 일한 지 5년째 되는 해 어느 날, 빌은 사장에게 자신의 모교 대학 풋볼 팀 경기 티켓을 구할 수 있느냐고 물었다. 사장은 마침 빌이 원하는 티켓 서너 장을 갖고 있었다. 빌은 상사에게 티켓을 사고 싶어서 가격을 물었다. 사장은 메일로 이렇게 답장을 보냈다.

"물론 나한테 티켓이 있지! 액면가는 200달러지만 인터넷에서 400달러에 팔고 있는 걸 봤어. 그러니 자네가 값을 불러보지 그래?"

탐욕.

빌의 사장은 백만장자다. 그런데도 그는 그 순간 자기 직원에게 자기가 가지고 있는 티켓을 팔아 이윤을 낼 생각을 하고 있었다. 전용기 기름값도 안 되는 돈을 말이다. 빌은 그 회사에 인생의 5년을 바쳤다. 빌은 그 회사에서 가장 유능한 직원 중 한 명이었다. 내가 "이었다"라고 과거형을 쓴 이유는 그가 몇 달 뒤에 그만뒀기 때문이다. 그는 탐욕스러운 상사를 위해 일하는 게 싫었다. 그 티켓 사건이 '낙타의 등뼈를 부러뜨리는 마지막 지푸라기'(꾸준한 노력이 누적되어 극적인 변화를 일으키는 임계점-옮긴이)였던 셈이다.

빌의 사장은 고작 수백 달러를 벌 탐욕 때문에 자신의 회사를 위해 매년 수십만 달러를 관리하고 있던 훌륭한 직원을 잃었다.

그건 판돈이 큰 도박이었다. 특히 빌이 상사에게 티켓을 공짜로 달라고 한 게 아니었다는 사실을 고려하면 말이다. 그 상사는 돈은 잃지 않고 직원만 잃었으니 본전치기는 했을지 모르겠다. 하지만 길게 보면 탐욕은 늘 관대함보다 비싼 대가를 치른다.

당신도 빌의 예전 사장처럼 탐욕의 기로에 서게 될 것이다. 그때가 되면 어떤 선택을 할 것인가? 물론 이 질문은 지금 대답할 수 없다. 모든 탐욕은 불현듯 우리를 찾아와 아무도 모르게 서서히 집어삼키므로. 모든 경력에는 그런 순간들이 있다. 빌의 상사는 악마가 아니다. 오히려 그는 그냥 바쁜 사람이었을지 모른다. 결정을 내릴 때마다 스스로에게 이런 질문을 던졌을 것이다. "무엇이 내게 더 이득이지?" 그가 바쁘지 않았다면, 그 질문을 멈췄다면 '300달러를 벌 기회'와 '가치 있는 직원'을 맞바꾸는 짓은 결코 하지 않았을 것이다.

지금 다니는 직장, 그리고 다음 직장에서도 당신은 잠깐 멈춰 서서 스스로에게 이런 질문을 던질 것이다. '지금 가장 큰 이익이 달린 일이 뭘까?', '지금 가장 중요한 게 뭘까?', '이 인맥이 얼마 이상의 가치가 있을까?', '새로 온 동료가 회사에 적응하도록 돕는 일이 내 연봉의 2.5퍼센트만큼의 가치가 있을까?' 쉴 새 없이 계산기를 두드리고 있는 그 손가락을 멈춰라. 그래야 지금 당신이 어떤 결정에 직면해 있는지를 명확히 볼 수 있다.

'나를 이용하려 들지 않을까?' 우리는 나약한 인간이기 때문에 늘 이런 의심을 달고 살 수밖에 없다. 물론 세상은 탐욕스러운 사람들로 가득하다. 당신이 보여주는 관대함을 당신을 함부로 대해도 좋다는 허가증으로 오해하는 사람들이 꼭 있다. 다시 한번 강조하지만, 관대하다는 건 어리석다는 의미가 아니다. 그럼에도 누군가가 당신의 삶에 계속해서 무례하게 침범한다면 그것을 그냥 놔두어선 안 된다. 건강한 인간관계를 맺기 위해 삶에 어느 정도 선을 긋는 것은 전혀 문제될 게 없다. 관대함을 나약함이라고 넘겨짚지 마라. 관대함은 사실 강건함이다. 누군가가 당신의 관대함을 끊임없이 악용한다면 그 사람을 피하라. 앞에서 우리가 적에게 줬던 것, '거리'를 선물하라.

지금 바로 시작해!

- ✕ 관대함은 언제나 충성심을 낳는다.
- ✕ "지금은 탐욕을 부려야 할 때야!"라는 두려움의 경고는 거짓말이니 신경 쓰지 않아도 된다.
- ✕ 관대함은 늘 탐욕보다 싸게 먹힌다.
- ✕ 당신의 관대함을 악용하는 탐욕스러운 적들과는 선을 그어라.

18

함부로 남의 마음을
읽으려고 하지 마

재능은 고요함 속에서 빚어지고, 인성은 세상의 급류 속에서 빚어진다.

- 요한 볼프강 폰 괴테

공감이란 무엇일까?

누군가의 필요를 이해하고, 그에 따라 행동하는 것.

위 정의를 모두 충족시킬 수 있다면 당신의 공감 능력은 이미 완벽
한 경력을 쌓기에 충분하다. 모든 새로운 상황에 잘 적응할 수 있을
것이고, 마침내 성공의 문턱에 빠르게 다가갈 것이다.

하지만 대다수의 사람이 공감의 정의를 절반만 충족시킨다. 대표적인 사례가 고객 서비스다. 그들은 시도 때도 없이 고객에게 이렇게 말한다. "불편하게 해드려서 정말 죄송합니다!" 누군가의 불편을 공감해주면서도, 정작 그 문제를 해결해주지는 않는다. 반대로 고객의 니즈가 무엇인지 알아보지도 않고 신제품을 출시하는 것 역시 절반만 충족시키는 것이다. 절반의 공감이 전혀 공감하지 않는 것보다야 낫겠지만, 절반으로는 당신의 경력을 바꾸지 못하고 당연히 세상도 변화시키지 못한다.

공감은 복잡하지 않다. 아주 간단하다. 내 비결은 이것이다.

모두가 똑같다고 믿는 것.

우리와 함께 일하는 동료와 상사는 모두 똑같다. 그들도 당신과 마찬가지로 꿈과 희망이 있고 공포와 좌절을 경험한다. 나는 어느 날 한 라디오 쇼 아침 생방송에서 트럭 운전기사들과 이야기를 하다가 이걸 깨달았다. 한때 나는 생계를 위해 트럭을 타고 도로를 누비며 여러 해를 보냈다. 내가 마음만 먹으면 고속도로 갓길 팔씨름 대회에서 한두 번쯤은 이길 수 있다는 것도 그때 알았다.

고작 몇 년 트럭을 몰아봤다고 그들의 처지를 공감한다고 말하다니, 너무 건방지다고? 하지만 사실이다. 나는 내가 출장을 갈 때마다 아내가 어떤 기분에 휩싸이는지 잘 안다. 나는 1년 중 절반 이상을 비행기 안에서 보내고, 미국이 아닌 다른 나라에서 처음 보는 사람들과

대화를 나누며 보낸다. 나와 트럭 운전기사들의 한 가지 공통점은 바로 이것이다. 우리 모두 집에 있지 않다는 사실이다.

그 라디오 쇼에 출연한 다음 날 프로듀서가 내게 감사의 인사를 건넸다. 트럭 운전기사들의 삶을 이해해줘서 고맙다고 말이다. 그게 사실인지는 모르겠지만, 나는 그때 경력의 맥락에서 '공감'이야 말로 우리를 그 어떤 사람하고도 함께 일할 수 있게 해주는 가장 중요한 연료가 된다고 확신했다. 공감은 우리에게 수많은 기회의 문을 열어준다.

훌륭한 외판원들은 아주 오래전부터 이것을 알고 있었다. 부동산을 팔 수 있는 사람은 진공청소기, 웹사이트, 건강보험도 팔 수 있다. 이 모든 분야에 통달해서? 아닐 것이다. 하지만 그 외판원은 사람들과 그들의 필요를 이해하기 위해 시간을 투자한다면, 모든 제품의 전문가가 될 필요는 없다는 사실을 알고 있었다. 당신 역시 그저 공감만 하면 된다.

내 친구 더스틴은 약학을 공부했다. 하지만 약사 일에 재미를 느끼지 못했고, 지금은 보석상점 매니저로 일한다. 그는 자기 일을 사랑한다. 그가 경력의 도약에 착수했을 때 반지나 시계나 목걸이 같은 귀금속에 대한 지식이 풍부했을까? 아니다.

"보석에 대해서는 아무것도 몰랐어요."

그가 나에게 말했다.

"하지만 사람들은 알았죠."

↻ 이야기는 2D를 3D로 바꾼다

당신이 누군가를 틀에 가두거나 그의 뒤통수에 꼬리표를 달게 되면, 그 사람에게 공감할 수 있는 기회는 영영 사라진다. 내가 조 로건Joe Rogan에게 한 일이 바로 그런 것이었다. 조 로건은 미국의 유명한 서바이벌 프로그램의 진행자인데, 언제나 이유 없이 화가 난 것 같았고 맹렬한 싸움꾼처럼 보였다. 나는 그를 '남을 괴롭히는 사람'이라는 틀에 가둬버렸다. 하지만 그의 이야기를 듣고 달라졌다.

마크 마룬Marc Maron이 진행하는 팟캐스트 인터뷰에서 조 로건은 자신이 네다섯 살 때 겪은 일을 들려줬다. 그는 아버지가 어머니를 무자비하게 때리는 장면을 목격했다. 나중에 조와 그의 어머니는 아버지에게서 달아나는 데 성공했지만 조가 목격한 충격적인 장면은 어떤 아이도 경험해서는 안 될 깊은 상처를 그에게 남겼다.

마룬과 대화하는 도중에 조는 자신이 가라테와 보디빌딩에 빠져 있는 것이 어쩌면 신체적 폭력으로부터 자신을 보호하고자 하는 욕망과 깊이 연결되어 있을지 모른다는 생각을 밝혔다. 그가 싸우는 법을 안다면 아무도 그를 아프게 할 수 없을 테니까 말이다. 이 이야기를 듣고 조 로건에 대한 내 생각이 달라졌을까? 물론이다. '이야기'에는 다른 사람을 함부로 판단하고 재단하는 우리의 못된 능력을 무력화하는 힘이 있기 때문이다.

누군가의 이야기를 듣고 나면 그 사람은 당신에게 더 이상 단순한 관념이나 대상이 아닌 한 인간이 된다. 이야기는 2D를 3D로 바꾼다.

어느 날 아침 작가 스티븐 코비Stephen Covey는 지하철에서 이런 '이야기의 힘'을 경험했다. 지하철 안에 한 아버지와 미쳐 날뛰는 아이들이 탔다. 통제 불능인 아이들과 그런 아이들을 방치하는 부주의한 부모만큼 다른 사람들의 신경을 곤두서게 만드는 것도 없다. 참다못한 코비가 아이들이 너무 날뛴다고 아버지에게 지적했다. 그 아버지가 무심한 표정으로 위를 올려다보며 말했다.

"아, 그래요. 제가 뭐라도 해야겠지요. 한 시간 전에 아이들 엄마가 죽었어요. 지금 병원에서 돌아오는 길이거든요. 무슨 행동을 해야 할지 모르겠어요. 아마 아이들도 그 사실을 어떻게 받아들여야 할지 모르겠나 봐요."

코비는 그 가족을 몰랐다. 나는 조 로건을 몰랐다. 그렇다면 우리 주변에 있는 사람들은 어떨까? 당신은 당신의 동료와 상사와 거래처 관계자를 제대로 알고 있다고 생각하는가? 당신이 머릿속으로 지난 인간관계를 복기하는 동안 또 다른 이야기를 들려주겠다. 이번엔 '두려움'에 대해 이야기를 할 차례다.

금요일 오후 5시에 상사에게 이메일을 받았다고 치자. 길지는 않고 내용은 이게 다다. "월요일에 이야기 좀 합시다. 대수로운 건 아닌데, 그 일부터 처리하는 게 좋겠어요. 주말 잘 보내요!"

주말 잘 보내라고? 이제 그건 불가능해졌다. 당신은 머릿속으로 그 회의라는 게 어떻게 돌아갈지 시나리오를 썼다 지웠다 하며 주말을 보낼 것이다. 지난 몇 달간 당신이 저지른 실수를 하나하나 따져보고 변명을 생각해내느라 머리를 쥐어짤 것이다. 그는 이제 당신의 상사가 아니라 당신을 기소한 검사다. 당신은 정교하게 방어막을 치고 방어적인 태세를 취한다.

당신은 그 회의가 어떻게 진행될지 머릿속으로 그려보는 것과 동시에 시작부터 그 대화를 틀에 가둔다. 그리고 아마 실제로는 있지도 않을 무수한 이야기를 상사의 입에 말풍선으로 그려 넣을 것이다. 이미 그는 당신 머릿속에서 거대한 뿔이 달린 포악한 악마다.

내 친구가 어느 날 아침 아내와 크게 다퉜다. 회사에 도착한 그는 일을 하는 와중에도 분노를 삭이지 못하고, 아내가 하지도 않은 말들을 보태며 머릿속으로 이야기를 부풀렸다. 부풀린 이야기를 무한 반복하며 상상 속에서 그 상황 전체를 더 나쁜 방향으로 증폭시켰다. 집에 돌아온 그는 아내에게 이렇게 사과했다.

"미안해. 하루 내내 머릿속으로 당신한테 거짓말을 했어. 당신을 나쁜 사람으로 만들었어."

두려움은 사람을 이유도 없이 나쁜 사람으로 만들어버린다. 두려움에 휩싸이지 마라. 두려움에 질려 그 사람을 미워하지 마라.

누구에게나 이야기가 있다. 그 이야기를 듣지 않으면, 혹은 멋대로 그 사람의 이야기를 꾸며대면 우리는 공감의 첫 단계, 즉 그들이 필요로 하는 것을 이해할 기회마저 잃고 만다.

우리는 완벽하지 않다. 나도 마찬가지다. 살다 보면 공감하지 못하고 상대에게 엉뚱한 행동을 하는 순간들이 있다. 우리는 이기적이고, 어리석고, 바보 같다. 다른 사람의 필요를 채워주는 대신 우리 자신의 필요를 채우는 데 방해가 되는 것을 전부 밟고 올라선다. 만약 그런 상황이 생기면, 그리고 반드시 생길 텐데, 당신이 할 수 있는 최선은 당신이 틀렸다는 걸 인정하는 것이다. 나는 "내가 틀렸어" 혹은 "내 탓이야", "미안해" 같은 말을 못 하는 사람들을 그다지 신뢰하지 않는다.

완벽한 사람은 없다. 완벽한 척하는 사람은 거짓말을 하고 있는 것이다. 흥미로운 사실은 당신이 틀렸다거나 실수를 저질렀다고 인정하면, 사람들은 이미 오래전에 그걸 알고 있었다는 것처럼 아무렇지도 않게 반응한다는 점이다. 감춰야 하는 비밀이라도 되듯이 당신이 꽁꽁 숨기고 있는 나약함은, 사실 몇 년 동안 당신과 함께 일해온 사람들에게는 명백한 사실이었다. 그들은 단지 당신이 그것을 인정할 때까지 기다려주었을 뿐이다.

틀렸다고 인정하라. 눈과 귀를 닫고 상대의 이야기를 무시한 행동을 반성하라. 공감하지 못한 사람에게 사과하라. 그것을 인정해야 다시 시작할 수 있다.

↻ "저 사람은 뭘 원할까?"

지금부터 당장 공감하는 사람이 되겠다고 선언하기란 무척 어색할 것이다. 쭈뼛거리며 동료에게 다가가 작은 선물을 건네며 이렇게 말하는 것이다. "너한테 필요한 게 뭔지 알고 싶어서 왔어. 허심탄회하게 이야기할 준비가 됐지, 친구?"

휴게실에서 이렇게 느닷없이 공감의 불길을 내뿜으면 이상한 사람 취급받기 십상이다. 그래서 인성을 과수원에 비유하는 것이다. 오랜 시간에 걸쳐 작은 변화를 만들어나가야 한다.

내가 조를 만난 곳은 미주리주에서 열린 굴뚝 청소업자 집회였다. 그는 자신의 굴뚝 청소 사업이 잘 풀리지 않아 고민이었다. 아무리 애를 써도 고객들은 그가 보낸 메일을 휴지통에 버렸다. 굴뚝 청소는 일종의 연례행사라서, 굴뚝에 갇힌 짐승을 꺼낼 정도의 상황이 아닌 이상 대다수의 사람은 굴뚝을 청소해야 한다는 사실조차 잊어버리고 산다. 조는 고객들이 자신들의 굴뚝을 청소해야 한다는 사실을 깨닫게 해야 했다.

그는 굴뚝 있는 주택의 거주자들 중 대다수가 강아지를 키운다는 사실에 주목했다.

우선 고객의 집을 방문할 때마다 강아지를 아주 다정하게 대했으며, 주인의 허락을 구한 뒤에 강아지 사진을 찍었다. 그런 다음 그 사진을 엽서로 만들어 자신의 연락처를 적어 다시 고객에게 보냈다. 그가 나에게 말했다. "강아지 주인들은 절대 자기 강아지 사진을 버리지 않아요. 그 대신 뭘 하는지 알아요? 냉장고에 붙이는 거예요."

조의 행동은 공감에서 출발했다. 그는 사람들이 무엇에 신경 쓰는지에 대해 고민했다. 사람들이 그의 광고 메일을 기다리지 않는다는 사실을 깨닫고 그들에게 필요할 만한 것을 생각해냈다.

조는 평범한 굴뚝 청소부가 아니다. 그는 사람들이 필요로 하는 것을 이해하는 재능을 타고났다. 하지만 당신은 조가 아니다. 예리한 눈썰미도 없고 사람 마음속을 읽을 통찰력도 지니고 있지 않다. 그렇다면 어떻게 해야 할까?

마음은 덜 읽고 질문은 더 하라.

그 사람이 무엇에 특히 신경을 쓰는지 넘겨짚지 마라. 그냥 직접 물어보라. 음향기기 제조업체 보스에 다닐 때 나는 담배 연기 자욱한 바에서 음악을 하는 아티스트들이 대체 어떤 생각으로 우리 회사의 제품을 구입하는지 알고 싶었다. 깨끗하고 과학적이며 클래식 음악에 적합한 음향기기? 그럭저럭 값어치를 해내는 가성비 괜찮은 음향기기?

우리는 기타 연주자들이 원하는 걸 생각해내려고 애쓰는 대신 직접 물어보기로 했다. '밴드 캠프Band Camp'라는 특별한 행사를 열어 미국 전역의 연주자들을 초청한 것이다. 우리는 그들의 마음을 읽으려는 헛고생 대신 그들을 한자리에 모아 직접 물어봤다. "여러분이 우리에게 원하는 건 뭔가요?" 그 과정에서 전혀 예상치 못했던 뜻밖의 '필요'도 알게 됐다. 그들은 스피커 가방 바깥쪽에 회사 이름을 넣지 말아 달라고 요청했다. 우리가 어리둥절해서 물었다. "왜요?"

"클럽에 온 사람들이 '보스'라는 이름을 보면 내가 그 비싼 장비를 훔쳤다고 생각할 거예요. 그러니까 테이프로 당신네 회사 이름을 가리든가 당신들이 애초에 가방에서 이름을 빼든가 해야겠죠." 우리끼리 아무리 머리를 맞대고 알아내려고 해도 얻지 못할 답이었다. 우리는 초능력자가 아니다. 누군가의 이야기가 궁금하다면 그냥 대놓고 물어보라. 그게 가장 빠른 길이다.

나를 위해 출간과 관련한 모든 일을 대행해주는 에이전시가 있다.

그들은 행사를 의뢰하는 고객들과 의견을 조율하고 전반적인 준비를 마친 뒤에 내게 이메일로 그 행사와 관련한 서류를 보내준다. 그러면 나는 비행기를 타고 어딘가로 날아가 주최 측 사람을 만나 강연을 마친 뒤에 집으로 돌아온다. 하지만 다른 모든 강연자처럼 그냥 그 자리에 갔다가 오는 것만으로는 무언가를 놓치게 된다.

주최 측 사람들과 그 행사에 참석한 사람들에게 '공감할 기회' 말이다. 그래서 나는 행사가 시작되기 전에 30분 정도 주최 측 사람들과 다양한 이야기를 나누려고 애쓴다. 그들이 이 행사를 통해 얻고자 하는 것이 무엇인지, 어떻게 하면 내가 그곳에 모인 사람들에게 도움이 될 수 있는지 등을 묻는다. 그중에서 그들을 가장 놀라게 하는 질문은 이것이다.

"이번 행사에서 당신을 더 돋보이게 하려면 제가 무엇을 해야 할까요?"

이런 질문을 던지면 사람들은 몇 번이고 고개를 갸웃거리며 이렇게 대답한다. "지금 뭐라고 말씀하셨죠?" 많은 사람이 이런 질문을 받는 데 익숙하지 않기 때문이다. 나는 단지 내 필요에 집중하는 대신 '내가 당신을 더 대단한 사람으로 만들려면 어떻게 하면 되는지'를 물었을 뿐이다. 하지만 그들은 이 질문을 듣고 깜짝 놀란다. 이런 질문은 우리가 아는 일의 세계에서 흔히 벌어지는 상황과 완전히 반대이기 때문에 질문을 받은 사람은 약간 당황할 것이다. 그러니까 더

이 질문을 해야 한다.

남들보다 더 돋보이고 싶고 특별한 성과를 내고 싶다면, 당신도 남들을 그렇게 만들어줘야 한다. '어떻게 하면 저 사람을 더 대단한 사람으로 만들어줄 수 있을까?'

직장에서 더 대단한 사람이 되고 싶다면, 또는 동료들에게 인기를 얻고 싶다면, 또는 모든 업무 영역에서 더 큰 권한을 갖고 싶다면 정답은 간단하다. 그와 정확히 반대되는 행동을 하면 된다. 누군가를 밟고 올라서는 것과 반대로 행동하면 된다. 당신의 필요보다 다른 사람의 필요를 앞에 놓으면 된다.

이런 노력은 내가 더 좋은 강연을 하는 데도 큰 도움이 된다. 사람들은 내가 의뢰인 회사와 그들이 직면하고 있는 도전에 대해 얼마나 많이 아는지에 놀라곤 한다. 그저 주최 측 담당자에게 몇 가지 질문을 던지며 업계의 동향을 읽었을 뿐인데 말이다. '공감'을 어려워하지 마라. 복잡하고 까다롭게 느낄 수 있겠지만 사실은 전혀 그렇지 않다. 공감은 두 가지만 기억하면 된다. 다른 사람의 필요를 '이해'하기. 그에 따라 '행동'하기.

토마토와 올리브로 파스타를 만드는 일보다도 훨씬 쉬운 일이다. 하지만 사람들은 이 쉬운 일을 죽어도 하지 못해 큰 위기를 겪는다. 부디 당신은 그렇게 되지 않길 바란다.

지금 바로 시작해!

× 지금 당신 옆에서 억지로 야근을 하고 있는 동료와 당신은 같은 사람이다. 서로를 적으로 돌리지 마라. 함부로 재단하지 마라. 우리는 모두 똑같다.

× 누군가의 진정한 모습을 이해하면 그 사람과 일하기가 훨씬 쉬워진다. 더 많이 공감하고 싶은가? 그렇다면 이야기를 더 많이 들어라.

× 독심술사처럼 굴지 마라. 당신은 초능력자가 아니다. 상대의 마음을 읽고 싶다면 그냥 물어보라.

× 거래처 관계자를 만나면 이렇게 질문하라. "제가 당신을 돋보이게 할 수 있는 일이 무엇이죠?"

× 공감하기 = 이해하기 + 행동하기

회사에 갔으면
제발 일을 해

19

업무를 하루 쉬면 내가 알고, 이틀 쉬면 동료가 알고, 사흘 쉬면 사장이 안다.

- 작자 미상

앞에서 나는 우리의 훌륭한 경력 관리에서 가장 중요한 개념을 하나 제시했다. "정시에 출근하라." 뭐 이런 당연한 이야기를 다 하냐고 흥분하는 사람도 있었겠지만 아마 속으로는 찔렸을 것이다. "당신은 이번 주에 몇 번 지각을 하셨나요? 이번 달에 몇 번 결근을 하셨나요?" 굳이 이렇게 묻진 않겠다. 화가 난 당신이 이 책을 덮어버릴지도 모르니까. 회사를 다니든 자영업자로 일하든, 우리가 존재하는 일의 영역에서 가장 중요한 것이 '출근'이라는 점에 대해서는 모두 동의하리라 생각한다.

자, 그렇다면 출근한 다음에는 어떻게 해야 할까? 답은 간단하다. 일을 하면 된다. 이제 일과 관련한 가장 기본적인 원칙 하나를 더 소개하겠다.

"회사에서는 제발 일을 하세요."

출근을 했으면 일을 하라. 아직도 무슨 말인지 모르겠다고?

한 회사에서 1년 정도 근무하다 보면 일의 패턴이 파악된다. 하루의 일과가 단조로워지기 시작하고 사나흘 걸리던 업무를 반나절도 안 걸려 해결할 수 있을 정도로 일이 손에 익는다. 업무 방식이 완전히 자기 것이 되어 약간의 지루함과 안일함이 스멀스멀 피어오르기 시작한다. 엉덩이는 의자에 붙어 있지만 마음은 엉뚱한 곳에 있을 수도 있다. 일은 뒷전이고 더 나은 일자리 정보를 찾거나 경쟁 기업들의 동향(즉, 연봉 정보)을 정리한 보고서를 상사 몰래 훔쳐보고 있을지도 모른다. 하지만 그렇게 하지 마라.

진심으로 당신의 일을 재탄생시키고 싶다면, 그리고 경력을 끌어올리고 싶다면, 지금 당장 다음의 세 가지를 바로잡아야 한다. 휴대전화, 인터넷, 회의.

↻ "지금 휴대전화와 대화 중이니 좀 닥쳐주실래요?"

한번은 친구가 아이폰을 30일 동안 안 썼다며 자랑을 했다. 그 인상적인 위업에 박수를 보내기도 전에 그가 덧붙였다. "화장실에서 아이폰을 30일 동안 안 썼다니까."

이런 성과를 비웃기는 쉽지만 나라고 그다지 나을 건 없다. 내가 그동안 소변기 앞에서 확인한 트윗 개수와 변기에 앉아 훔쳐본 남의 페이스북 계정 수를 다 합치면 아마 책 한 권은 쓸 수 있을 것이다. 심지어 예전에는 조깅을 하면서 이메일을 보냈다.

손바닥만 한 이 요물에 정신이 팔리자 급기야 운전 중에 빨간불을 기다리기 시작했다. 빨간불은 휴대전화를 볼 수 있는 절호의 기회니까. 1990년대까지만 해도 이런 일은 없었다. 운전자들은 도로에 파란불이 들어오면 그냥 운전을 했다. 빨간불이 들어오면 라디오를 듣거

나 차창 너머의 사람들을 구경했다. 그게 다였다.

필라델피아의 어느 카지노에 가면 흥미로운 장면을 목격할 수 있다. 슬롯머신 홀에 들어가면 5센트 슬롯머신 앞에 할머니들이 약간 졸린 표정을 짓고 줄지어 앉아 있는데, 그들의 목에는 모두 '카지노 현금 카드'가 걸려 있다. 그 카드를 기계에 꽂아야 게임이 작동되기 때문에 할머니들은 그야말로 물리적으로 슬롯머신에 매여 있었다.

내게도 그런 목걸이가 있다. 내 목걸이 줄은 카지노 현금 카드가 아니라 아이폰 충전기였다. 1990년대에 내가 콘센트를 찾은 기억은 두 번뿐이다. 왜 찾았는지는 기억 안 난다. 그만큼 대수롭지 않은 일이었으므로. 당시만 해도 전류가 흐르는 물건을 소지하고 다닐 일이 극히 드물었다. 무전기를 찬 주차 관리 요원이나 전기 충격기를 든 경찰이 아니고서는 말이다.

하지만 나는 요즘 전기의 강렬한 맛에 중독된 환자처럼 공항 터미널을 게걸스럽게 눈으로 훑는다. 호텔의 만족도는 객실에 설치된 콘센트 개수로 평가한다. 전부 어처구니없는 행동이지만 도저히 주체할 수가 없다. 하지만 참아야 한다. 아마 올해 안에는 시급을 다투는 연락이 당신에게 오지 않을 것이다. 지금 당장 확인하지 않으면 지구가 폭파되는 메일도 당신에게 안 올 것이다. 그러니 걱정하지 말고 제발 휴대전화를 내려놔라. 휴대전화를 내려놓고 당신의 일에 집중하라.

어느 저녁, 아내와 나는 아이들을 재워놓고 대화를 나누고 있었다. 그러는 동안 나는 잠깐씩 아이폰을 집어 들었다. 아마 한 34번째 아이폰을 집어 들었을 때였다. 아내가 말했다. "난 일시정지 됐구나. 다시 이야기할 준비가 되면 말해."

혁.

그녀의 말이 맞았다. 대화 도중에 휴대전화를 들여다보고 있는 것은 상대에게 이렇게 말하는 것이나 다름없다.

"잠깐 기다려. 당신보다 좀 더 흥미롭고 중요한 게 있는데 거기 집중하고 싶거든. 그러니 제발 옆에서 성가시게 굴지 말아줄래?"

나는 당장 아이폰을 내던지고 아내에게 집중했다. 그렇게 하지 않았다면 그날 저녁은 분명 악몽이 되었을 것이다.

우리는 직장에서도 이런 끔찍한 날들을 만들어내고 있다. 팀원들과 중요한 회의를 준비하면서 휴대전화에 정신이 팔려 있다면 당신은 그들을 일시정지시킨 셈이다. 상사와 회의를 하는 동안 휴대전화로 이메일 답장을 쓴다면 당신은 상사에게 제발 그 입 좀 닥치라고 이야기하는 것이다. 신규 고객에게 구매를 권유하면서 휴대전화 문자를 확인하느라 대화가 자꾸 끊긴다면 당신은 그 고객에게 사실은 당신하고 거래를 하고 싶지 않다고 말하는 것이다.

한 번에 한 가지 대화를 하는 것이 상대에게 가장 빛나는 명예를 안기는 방법이다. 동료를 무시하지 마라. 상사를 없는 사람 취급하지 마라. 고객에게 최고의 명예를 안겨라. 우리의 일터에서 만나는 모든 이를 일시정지시키지 마라. 어처구니없지만 이 단순한 진리를 이해하지 못하는 사람이 이 세상에 너무 많다.

↻ 우리의 몸값을 폭락시키는 주범

스마트폰이 나오기 몇 해 전 홈디포라는 건축자재 회사에서 일할 때였다. 당시 회사는 12년 동안 마이너스 성장을 기록하고 있었는데 급기야 직원들의 업무 컴퓨터에서 'ESPN.com'(미국의 스포츠 전문 케이블 채널의 인터넷 홈페이지 - 옮긴이)을 차단해버리는 특단의 조치를 내렸다. 내게 'ESPN.com'은 에너지 드링크보다 더 강렬한 자극을 선사하는 업무의 필수 요소였다. 나는 회사가 나의 정당한 욕구를 무단으로 침범한 것에 대해 일종의 태업으로 맞섰다. 나는 그냥 만사에 머저리처럼 굴기로 했다.

회사 건물 안에서 회삿돈으로 전기가 공급되는 회사 컴퓨터로 'ESPN.com'을 보지 못하게 하다니. 이 뻔뻔한 회사 같으니라고!

불행하게도 요즘은 수많은 회사가 홈디포 같은 정책을 펴고 있다. 그 덕분에 많은 사람이 '끊임없이 페이스북 확인하기', '쉬지 않고 트윗 보내기', '하루 종일 포털 뉴스 검색하기' 등의 과업을 업무일지에 적는 것을 포기했다. 그럼에도 우리는 마치 우리가 온갖 멋진 것으로 가득한 인터넷의 바다를 헤엄칠 권리를 누리는 게 마땅하다는 듯이 행동한다.

미국에서 환상적인 풋볼 시즌이 치러지는 15주 동안 기업들의 손실이 65억 달러에 이르는 이유도 여기에 있다. 게다가 그 손실은 점점 더 커지는 추세다. 무한한 가능성이 잠재되어 있다고 만인이 숭배하는 인터넷은, 우리의 경력을 조금도 앞으로 나아가지 못하게 만드는 것들로 점점 거대해지고 있다.

이런 세이렌(매우 아름답지만 치명적인 살의를 가진 그리스 신화 속 요정-옮긴이)의 유혹에 맞서려면 어떻게 해야 할까? 우선 우리의 '일'과 '시간'부터 점검하자. 업무와 관련 없는 일에 인터넷을 사용하는 시간을 적는 것이다. 체크 표시를 하면서 누적 시간을 확인하라. 무엇을 했는지까지 적을 필요는 없다. 업무와 관련된 일과 그렇지 않은 일을 구분하기가 어렵다면 상사가 다가오는 걸 보고 빛의 속도로 브라우저를 닫은 횟수를 적어라. 일주일이 지나면 이제 그 횟수를 다 더할 차례다. 그 모든 딴짓의 가치를 당신이 회사에서 해야 하는 일의 가치의 총합과 비교하라. 아마 내 생각에는 0~5퍼센트 정도 될 것이다. 그런 다음 상사나 팀원들과 그 수치에 대해 검토하라.

이런 미신이 있었다. 일을 잘하는 사람은 누구보다 일찍 출근해 이메일을 확인하고 SNS로 업계 동향을 파악한다고. 모두 거짓말이다. 모든 성공한 사람에게 물어보라. 그들은 절대 인터넷에 매달리지 않는다. 하루 중에서 가장 집중력이 뛰어나고 생산성이 높은 아침 시간대를 그 따위 '확인'에 낭비하지 않는다. 이메일을 확인하고 인터넷을 서핑하고 SNS를 구경하는 일은 모든 일 중에서 가장 하찮은 일이다. 왜 당신의 소중한 시간을 그 하찮은 일에 투입하는가?

이 산수에 기분이 영 언짢다면, 도저히 인터넷의 유혹을 이겨내기 어렵다면, 그 악순환의 고리를 끊어낼 방법을 찾아라. 나는 글을 쓸 때는 인터넷 와이파이를 꺼놓는다. 검색 때문에 어쩔 수 없이 인터넷을 사용하기는 하지만 검색하는 시간과 글 쓰는 시간을 철저히 구분한다. 나는 인터넷 와이파이가 없어야 일을 끝낸다.

직장에 있는 동안에는 일을 하라. 이 얼마나 참신한 개념인가!

⟳ 회의실에서 하나 이상 질문하기

살면서 회의가 취소되는 것만큼 신나는 일도 없다. 직장에서 제일 기분 좋을 때 중 하나가 바로 회의 취소 소식을 알리는 이메일을 받았을 때다. 모두가 안도의 한숨을 내쉬며 말한다. "방금 한 시간 벌었어. 아 행복해!" 가석방 위원회로부터 날아온 사면통지서다.

15년 동안 직장생활을 하면서 들어간 회의 시간을 모두 합치면 얼마나 될까? 회의에 참석하는 일은 물론 유쾌한 일은 아니다. 누군가가 "참석할 회의가 더 많아지면 좋겠어"라고 말하는 것도 들어보지 못했다. 하지만 안타깝게도 일을 하다 보면 회의에 참석할 일이 몇 번쯤, 아니 숱하게 생기기 마련이다.

그렇다면 차라리 회의에 더 적극적으로 참여할 방법을 찾는 것이 우리의 정신 건강에 이롭지 않을까? 1년에 한두 번 날아올까 말까 한 사면통지서를 기다리는 일보다 말이다. 지금 당신이 그토록 증오하는 그 회의는 당신에게는 중요하지 않아 보여도 당신이 다니는 회사, 상사, 동료에게는 중요할지 모른다. 그러니까 더 이상 불평하지 말고 회의에 적극적으로 참여하라. 아니, 적어도 훼방은 놓지 마라.

첫째, 펜과 노트를 챙겨라. 얼마나 예스러운가! 종이라니. 왜 이렇게 구식 접근법을 써야 하냐고? 왜냐하면 종이로는 유튜브를 켤 수 없기 때문이다. 종이로는 지루한 회의 도중에 노래를 내려받을 수 없기 때문이다. 팀장이 회의 참석자들에게 휴대전화 좀 그만 쳐다보고 회의에 집중하라고 지적해도 떳떳할 수 있기 때문이다.

혹시라도 디지털 기기를 가지고 들어가야 한다면 노트북보다는 아이패드나 태블릿 PC가 낫다. 그러면 적어도 다른 사람들이 당신이 뭘 하고 있는지 볼 수 있다. 그것만으로도 회의에 참석한 사람들에게 책임은 다하는 것이다. 노트북은 회의가 따분해지는 순간 그 뒤로 숨기가 너무 쉽다.

공책도 너무 클 필요 없다. 프리젠테이션을 하는 사람이 누구든 당신이 세 줄만 적으면 그 사람은 당신을 평생의 은인으로 모실 것이다. 만약 일주일 뒤에 팀장이 그 회의에 대한 질문을 하면 당신은 노트를 펼쳐 답하면 된다. 그건 보너스다.

둘째, 적어도 하나 이상 질문하라. '회의'가 의미하는 바는 사람마다 제각각일 수 있다. 하지만 질문을 던진다는 것이 어떤 의미인지는 누구나 잘 알고 있다. 질문은 지금 회의에서 다루고 있는 내용에 모든 청중을 집중시킨다. 좋은 질문은 보통 좋은 정보를 듣는 것에서 출발한다. 누군가 이미 했던 질문을 한다면 당신은 경청할 줄 모르는 머저리로 취급당할 것이다.

==좋은 질문은 그 회의실 안에 있는 모든 사람에게 불꽃을 쏘아 올린다.== 진심으로 궁금한 질문이 없다면 억지로 꾸미지 마라. 하지만 당신 인생에서 결코 되돌릴 수 없는 이 한 시간 동안 회의실에 앉아 있

으면서 질문 하나 던질 수 없다면 당신은 충분히 노력하지 않은 것이다. 그러니까 적어도 하나 이상 질문하라. 경고! 상사에게 강렬한 인상을 남기려고 질문을 50개나 퍼부어서 회의를 30분이나 지연시키는 사람은 되지 마라. 상사에게 좋은 인상을 남기는 것은 목표가 아니라 부수적인 이득일 뿐이다. 잊지 말자. 우리의 진짜 목표는 과시가 아니라 참여다.

셋째, 포커 선수처럼 당신 앞에 휴대전화를 뒤집어 놓고 회의에 당신 전부를 걸어라. 회의 내내 당신의 전화기 뒷면을 보여주는 것은 사람들을 향해 이렇게 외치는 네온사인이다. "나 여기 있어요! 나 회의 중이에요!" 휴대전화를 벨트에 찼다면 풀어서 그대로 탁자 위에 올려놔라. 일단 휴대전화를 탁자 위에 올려놓으면 다시 전화기를 집어 들기가 무척 어려워진다. 큰 부담을 감수해야 하는 일이 된다. 당신이 상체를 숙여 휴대전화를 집는 순간 모든 청중의 시선이 당신에게 쏠릴 것이다.

우리는 탁자 밑으로 휴대전화를 감춘 채 이메일을 확인하면서 무슨 투명 망토라도 쓴 것처럼 아무도 모를 것이라고 착각한다. 안다. 사람들은 우리가 회의에 집중하지 않고 있다는 걸 다 안다. 휴대전화를 뒤집어 놓고 스스로에게 싸울 기회를 줘라. 주머니 속에 넣어놔도 된다. 회의에 전화기를 아예 가지고 가지 않는 것도 좋은 방법이다. 당신이 심장 외과의가 아닌 이상 회의 시간 내내 전화기가 없어도 아무 일 없을 것이다. 내가 약속한다.

이 장을 쓰는 동안 혼자 생각했다. "정말 명쾌한 조언이다!" 나는 이 글을 쓰는 동안 모두 아홉 번 내 아이폰을 확인했으며, 심지어 네 번이나 유튜브 동영상을 시청했다.

새로운 기술, 생전 처음 보는 프로그램, 듣도 보도 못 한 조직 문화 등등 일하는 환경이 급격히 바뀌고 있지만, 일의 근본은 언제나 똑같을 것이다. 조금이라도 더 편하고 자유롭게 일하고 싶은 당신은 끝까지 인정하고 싶지 않겠지만, 그런 편의와 자율은 제자리를 지키고 맡은 바 책임을 다한 뒤에 요구할 수 있다.

앞으로는 직장에서 업무에 집중하는 태도가 그 사람의 가치를 결정할 것이다. 물론 아무도 일에만 집중하지 않는다. 정신을 분산해 챙길 수 있는 부수적인 일이 얼마나 많은지가 그 사람의 능력과 가치를 평가하는 척도가 되었다. 사람들은 직장에 매여 있으면서도 '딴짓'을 열렬히 찬양하고 투잡, 스리잡을 뛰라고 부추긴다. 회사에만 얽매이는 일은 명청한 짓이라고 겁을 준다.

하지만 당신과 나는 일에만 집중해야 한다. 적어도 회사 안에서는 휴대전화에서 눈을 떼고 우리 앞에 놓인 일에 집중해야 한다. 인터넷의 유혹을 물리치고 오늘 할 일을 끝마쳐야 한다. 친구에게 채팅 메시지를 보내는 대신 발표자의 말에 집중해야 한다. 그것이 회사에서 나의 가치를 높이고 동료의 인정을 받는 가장 빠른 길이기 때문이다.

지금 바로 시작해!

- × 정신을 분산시키는 온갖 것들이 넘쳐나는 이 세상에서 아무도 하지 않는 일을 하라. 일에 집중하기. 휴대전화는 잠시 치워두기. 포털 뉴스는 나중에 보기. 회의실에서 졸지 않기. 제발 현재에 집중하라.
- × 어떤 사람이 너무 밉고 귀찮다면 그 사람 앞에서 아이폰으로 유튜브 동영상을 보라. 또는 휴대전화 배터리가 떨어졌다면서 징징대라. 아마 그 사람은 다시는 당신을 찾지 않을 것이다.
- × 회의실에는 빈손으로 들어가지 마라. 발표자와 최소한 세 번 이상 눈을 맞춰라. 최소한 세 줄 이상 필기하라. 최소한 하나 이상 질문을 던져라.

아무도 당신의 경력을 구원해주지 않는다 **20**

인생이란 결코 공평하지 않다. 이 사실에 익숙해져라.

- 미국의 기업가 빌 게이츠

그 누구든 간에 경력을 전환하는 순간이 닥치면 삶의 다른 영역들은 대혼란의 소용돌이에 휩싸인다. 변화의 폭이 클수록 혼란도 커진다. 직장을 옮겨본 사람이라면 이게 어떤 기분인지 잘 알 것이다.

만약 당신이 아주 큰 기업에서 매력적인 일자리를 제안받았다고 해보자. 통근 거리가 너무 멀어 당신은 집을 팔기로 한다. 하지만 집이 팔릴 때까지는 일단 새 회사 근처에 세를 얻어 임대주택에 살아야 한다. 당신의 이직으로 인해 배우자 역시 직장을 그만두기로 한다. 배우자는 자신의 회사에서 직장인 담보 대출을 받은 적이 있었는데 이제 그 해약 절차를 확인해야 한다. 당신은 살던 동네 사람들과 작별 인사를 나누고 부랴부랴 새 직장 근처의 허름한 원룸에 임시 거처를 마련한다. 일자리 제안을 받아들인 그 한 가지 결정이 당신 삶의 거의 모든 영역에 소용돌이를 일으켰다.

이런 혼란 속에서 방향을 잃지 않도록 도와주는 것이 바로 인성이다. 당신은 어떤 상황 속에서도 인성에 기댈 수 있다. 새로운 동네에서 새로운 사람들을 사귀어야 할 것이다. 마지막으로 회사를 그만두었을 때 나는 서류철 몇 개와 책 몇 권을 사무실에 남겨두고 왔다. 하지만 나 자신을 남겨두진 않았다. 내 뇌와 심장, 내 태도와 자세는 언제나 나와 함께였다. 나에게는 그런 것들이 여전히 필요했다. 내가 앞으로 착지할 곳은 카오스의 한가운데였기 때문이다.

안 좋은 소식이 있다. 우리의 삶에서 혼란을 완전히 없애는 것이 불가능하다는 사실이다. 이런 사실을 받아들이기가 처음엔 좀 고통스러울지 몰라도, 혼란이라는 것 자체가 본질적으로 좋거나 나쁜 것이 아니라는 사실을 깨닫고 나면 마음이 편해질 것이다. 그런 의미에서 한 가지 고백할 것이 있다.

"이 책은 혼란의 산물이다."

사실 나는 당신에게 경력 새로 쓰기의 의미를 알려주는 책을 쓸 계획이 없었다. 좀 더 정확히 말하자면 이 책은 내 5개년 계획에 포함되어 있지 않았다. 하지만 마지막 직장을 그만둔 뒤에 내 지난 경력을 새롭게 재구성할 필요가 있다는 사실을 깨달았다. 그리고 많은 사람과 이야기를 하면서 이런 작업이 필요한 사람이 나뿐만이 아니라는 사실도 깨달았다.

나는 책을 쓰기로 결심했다. 내가 겪은 고민과 갈등, 분노와 희망, 용기와 행동을 한 권의 책으로 엮겠다고 마음먹었다. 나는 다음과 같은 결정들을 내렸다.

하나, 친구들에게 출판사 추천을 부탁한다.
둘, 출간 제안서를 쓴다.
셋, 마케팅 계획서를 쓴다.
넷, 편집자 몇 명과 인터뷰를 하고 그중에서 한 사람과 계약을 맺는다.
다섯, 각 장의 개요를 구체적으로 작성한다.
여섯, 샘플 원고를 쓴다.

물론 이 모든 건 내가 내린 긍정적이고 자발적인 결정이었다. 나는 그 어느 때보다 힘이 넘쳤고 미래를 낙관했다. 평일 오전 카페에 앉아 노트북을 켜고 출간 제안서를 작성하고 있는 내 모습이 그렇게 멋져 보일 수 없었다. 하지만 그 기쁨은 오래가지 못했다.

제안서를 보냈는데 답을 주는 출판사가 한 군데도 없으면 어쩌지? 꼬박 2년 동안 출간 작업을 진행했는데 그사이에 트렌드가 바뀌어 내 책이 고리타분한 이야기가 되어버리면 어쩌지? 출판업계 사람들이 내 책을 두고 대형 플랫폼을 보유한 출판사와 일을 해서 그나마 좀 팔린 거라고 생각하면 어쩌지? 나는 결국 빛도 보지 못하고 도중에 나가떨어질 것이다. 그냥 회사에 남아 있을걸. 그랬으면 적어도 이런 두려움은 느끼지 않았을 텐데. 내 인생은 망가졌다. 복구할 수 없을 정도로. 제길. 빌어먹을. 망할!

나는 내 결정이 몰고 온 갑작스러운 변화의 돌풍에 정신을 차리지 못하고 흔들렸다. 따사로운 오전 햇살을 만끽할 틈도 없었다. 혼자만의 대혼란에 무릎을 꿇었다. 경력이 전환되는 순간에 이르면 우리의 수준은 무서울 정도로 적나라하게 드러난다. 형편없는 인맥, 부족한 기술, 불성실한 태도, 나약한 추진력 등등. 바로 이때 놀라운 잠재력을 발휘해 상황을 역전시키는 것이 태도와 자세다. 당신의 인성이다. 그 누구도 당신의 경력에 불어 닥친 태풍에 관심을 가져주지 않는다. 당신의 일을 구원할 사람은 당신뿐이며, 오로지 당신이 그동안 쌓아놓은 좋은 태도와 평판만이 변화의 한파를 돌파할 든든한 외투가 되어줄 것이다.

내 이름값이 출판 시장에 자리를 잡을 때까지 나는 조급증을 떨치고 차분히 기다렸다. 나와 함께 일할 새로운 사람들을 충분히 이해했다. 거절을 두려워하지 않고 출판사에 문을 두드렸다. 나를 한없이 낮추고 그들이 원하는 것을 다 들어줬다.

몇 주가 지나 출판사 서너 군데서 연락이 왔다. 내 책을 내주겠다는 연락이었다. 계약서가 왔고 나는 그들이 제시한 조건을 살펴 출판사 한 곳을 최종 입찰했다. 결국 해피엔딩으로 끝났냐고? 물론 출간이 확정된 뒤에는 더 큰 혼란이 뒤따랐다. 하지만 이번에는 그것이 내게 아주 멋진 일이었다.

느닷없이 찾아오는 혼란은 우리의 경력을 단단하게 제련해준다. 담대하고 겸손하게 위기를 돌파하고 나면 차츰 '굳은살'이 박인다. 인성은 냉정한 경력의 세계에서 날카롭고 딱딱한 무언가에 우리의 연약한 살이 상처 입지 않도록 막아주는 굳은살이다. 갑주 같은 존재다.

4부

일보다
중요한 건
'방식'이야

나는 완벽한 계획보다 희미한 비전을 믿는다.
일단 움직여라. 당신이 가고자 하는 방향은
실제로 거기에 노력을 들이는 동안 더 선명해질 것이다.

인맥을 쌓았다. 기술을 익혔다. 훌륭한 인성을 갖췄다. 이 세 가지만으로도 당신은 회사에서 단연 돋보일 것이다.

하지만 아직 우리가 갖추지 못한 한 가지가 있다. 지금까지 우리가 해낸 모든 것을 폭발적으로 증폭시키는 힘, 바로 추진력이다. 추진력은 곧 '일하는 방식'이다.

내가 마지막 회사를 그만두고 전업 강사로 나선 지 두 달 정도 됐을 무렵, 한 회사로부터 대학 강연 요청을 제안받았다. 그 대학은 내슈빌에 있는 밴더빌트대학교였다. 내가 한 번도 가보지 못한 대학 중 하나였기 때문에 나는 주저하지 않고 그 기회를 잡았다. 캠퍼스 안에 있는 대형 서점에서 진행되는 60명 정원의 한 시간짜리 강연이었다.

영하 7도의 밤. 캠퍼스를 가로질러 서점 입구에 들어서자 멋진 행사 진행 요원들이 나를 맞이해줬다. 하지만 60명의 독자는 보이지 않았다. 그들은 끝까지 나타나지 않았다. 그날 나와 마주 앉은 사람은 대략 일곱 명이었다.

좀 어색하기도 했다. 당신이 쌀쌀한 겨울밤에 따뜻한 모카라테를 사러 온 대학생이나 교수라고 상상해보라. 목도리를 두른 채 조용한 스타벅스에서 시집을 막 꽂아 넣는데 갑자기 어디선가 이런 말이 들리는 거다. "꿈을 꾼다는 것에 대해 이야기 나눠볼까요!"

고요한 시간을 즐기던 몇몇 사람이 고개를 들어 따가운 시선을 보냈다. 그러고는 물건을 챙겨서 계속 나를 노려보며 서점을 나가버린다. 이렇게 멋질 수가!

어쨌든 나는 그곳에 와준 일곱 명에게 최선을 다하기 위해 열심히 강연을 했다. 대중 강연 같은 기술은 청중이 일곱 명이든 7000명이든 최선을 다하는 연습을 하지 않으면 실력이 나아지지 않는다. 그날 밤늦게, 우연히 그곳에서 시험지를 채점하고 있었던 밴더빌트대학교의 한 교수가 내게 이메일을 보냈다. 역시 강연 제안이었고, 자신이 가르치는 졸업반 학생들에게 직업과 꿈에 대한 강연을 해달라는 것이었다. 나는 좋다고 답장을 했다.

스타벅스에서 데뷔한 며칠 뒤 나는 학생 50명이 모인 강의실에서 강연을 했다. 그날 밤을 정말 재미있게 보내고 난 뒤에 그 강연을 트위터에 올렸다. 그런데 마침 밴더빌트의 풋볼 코치 중 한 사람이 그 트윗을 보고는 내게 자신들의 팀에 와서 강연을 해주겠냐고 물었다. 그 팀은 그해 테네시주, 조지아주, 플로리다주에서 우승 트로피를 거머쥔 챔피언 팀이었다. 나는 좋다고 답장했다.

이번에는 생전 처음 보는 거대한 몸집의 인간들로 가득한 방에서 한 시간 정도 강연을 했다. 강연을 마치고 그 팀의 수석 코치 제임스 프랭클린과 저녁 식사를 했다. 나와 헤어진 뒤에 그는 "@JonAcuff는 야수다!"라는 트윗을 올렸다.

몇 달 뒤, 나는 프랭클린의 코치들 중 한 사람과 펜실베이니아주립

대학교에서 대규모 강연을 하는 건에 대해 이야기를 나눴다. 일곱 명에게 강연을 하는 작은 기회에 '예스'라고 답했던 것이 펜실베이니아 주립대학교 학생 1000명을 대상으로 한 규모 있는 강연의 기회를 가져다준 것이다.

일의 본질은 작은 기회를 조금 더 큰 기회로 바꾸는 것이다. 우리는 작은 '예스'를 여러 개 모아 더 큰 '예스' 하나를 만들어낸다. 고작 열 명도 안 되는 사람에게 강연하기 위해 추위를 뚫고 교정을 걸어갈 때까지만 해도 나는 그 사건이 어디로 이어질지 상상하지 못했다.

나는 우리가 생각하는 것보다 훨씬 많은 일을 해낼 능력이 우리에게 있다고 믿는다. 내가 만나본 추진력 있는 사람들은 모두 처음엔 자신의 그런 능력을 인식하지 못했다. 사람들이 자신의 능력을 제대로 파악하지 못하는 이유는 무엇일까? 일단 자기 능력을 터무니없이 과소평가하는 경향이 있기 때문이다. 하지만 그보다 큰 이유는 자신이 갖고 있는 것들을 제대로 사용해보지 못했기 때문이다.

인맥은 당신이 아는 사람을, 기술은 당신이 할 줄 아는 것을, 인성은 당신이 어떤 사람인지를 나타낸다. 추진력은 이 각각에 노력을 기울이는 방식이다. 당신의 경력이 자동차라면 추진력은 연료다. 연료가 없으면 제아무리 최고급차라도 값비싼 누름쇠에 불과하다.

추진력은 인맥을 확장시킨다. 넓고 탄탄한 인맥을 만드는 방법은 사람들과 더 자주 교류하는 것이기 때문이다. 추진력은 기술의 숙련도를 증폭시킨다. 당신이 새로운 기술을 배우도록 명령하고 옛 기술을 예리하게 벼리도록 충동질하기 때문이다. 추진력은 당신의 인성을 구성하는 다양한 자질에 물을 붓는다. 자꾸만 더 나은 사람이 되라고 부추기기 때문이다.

천부적인 재능을 가진 쿼터백은 고등학교에서는 그렇게 열심히 노력할 필요가 없다. 눈부신 재능 덕분에 가만히 있기만 해도 대학에 진학한다. 하지만 그런 눈부신 재능도 결국 경쟁자들에게 따라잡힌다. 타고난 자질만으로는 턱없이 부족한 시기가 찾아온다. 그럴 때는 열심히 훈련하는 수밖에 없다. 추진력을 발휘할 순간이다.

그러나 추진력은 그 맹목성 때문에 가끔 잘못 사용되기도 한다. 모든 동료를 밟고 올라가도 된다는 변명이 되기도 하고, 짜증날 만큼 저돌적이고 자기를 과시하는 사람들이 외치는 슬로건이 되기도 한다. "난 그냥 열심히 했을 뿐이야!" 추진력과 성급함은 종이 한 장 차이다. 또 추진력은 오로지 목표에 도달하는 것만이 삶의 유일한 목적인 것처럼 행동하게도 만든다. 그렇게 탄생한 심각한 돌연변이가 바로 '일중독자'다. 분주함과 추진력은 다르다.

독종처럼 죽어라 열심히만 한다고 성공하지 않는다. 주변을 둘러보면 잘 알 수 있을 것이다. 스스로 녹초가 되는 것도 모자라 주변 사람까지 지치고 괴롭게 만들며 일하고 싶은가? 일은 '어떻게' 하느냐가 중요하다. 4부에서는 인맥을 쌓고 새로운 기술을 배우고 매력적인 사람으로 거듭나는 데 직간접적으로 영향을 미치는 것들에 대해 알아볼 것이다.

21

후회는 두려움보다
유통기한이 길다

나이 마흔에 스탠드업 코미디를 하는 건 어떤 기분일까 궁금해하며 보험 상품을 팔고 싶지는 않았다.

- 미국의 코미디언 스티븐 라이트

열심히 일하기로 결심하는 것만큼 두려움을 격분시키는 것도 없다. 경력을 재탄생시키는 꿈만 꾸고 있는 한 당신은 두려움의 관심 밖이다. 두려움은 꿈만 꾸고 실천은 안 하는 몽상가를 사랑하고, 낙관주의에 빠져 삶을 포기한 사람을 친구로 둔다. 두려움은 자기 일에 애정을 느끼지 못하는 미국인의 70퍼센트에게는 겁을 먹지 않는다. 이미 경기에서 퇴장당해 틀에 갇힌 사람들은 신경 쓰지 않는다. 두려움은 이미 거세게 몰아치는 소용돌이에 좌절해 몰락한 사람을 괴롭히는 데는 시간을 낭비하지 않는다.

두려움이 진짜로 관심을 갖고 호시탐탐 기회를 노리는 대상은 일하는 사람이다. 두려움은 일하는 사람을 못 견디게 싫어한다.

그렇다면 두려움에 맞서는 방법은 뭘까? 작가 스티븐 프레스필드Steven Pressfield는 이렇게 말했다. "아마추어는 두려움을 극복해야 뭔가를 할 수 있다고 믿는다. 프로는 결코 두려움을 극복할 수 없다는 사실을 안다. 두려움을 모르는 전사나 예술가 따위는 없다는 걸 안다."

두려움을 영원히 완벽하게 삭제해버린 다음 우리의 일을 재창조할 방법은 없다. 두려움은 그런 상대가 아니기 때문이다.

↻ 난 못 해, 차라리 안 하고 나중에 후회할래

'돈의 달인'이라고 불리는 미국 최고의 금융 전문가 데이브 램지 밑에서 일했던 것은 대단한 기회였지만, 흔히 말하는 '살면서 단 한 번뿐인 기회'는 아니었다. 2008년 램지의 팀이 내게 일자리를 제안했다. 하지만 조건이 맞지 않아서 내가 거절했다. 2009년에 다시 이야기가 오갔지만 그때도 거절했다. 2010년이 되어서야 나는 그 팀에 합류했다. 나는 그게 '내 생애 세 번째 기회'였다고 생각한다. 그럼 네 번째 기회는 영영 오지 않을까? 다섯 번째는? 여섯 번째는?

제대로 된 기회를 놓치는 것에 대한 두려움에 휩싸이지 않은 덕분에, 그리고 섣불리 그들의 제안을 받아들이지 않은 덕분에 나는 생각보다 꽤 넉넉한 보수를 받고 일할 수 있었다. 만약 이 책이 협상의 기술이나 거래의 법칙 따위를 다루는 책이었다면, 내가 램지의 팀과 일하게 된 경위를 더 자세히 적었을 것이다. 하지만 우리 책은 그런 책이 아니다. 그리고 내가 여기서 다루고 싶은 두려움은 정반대의 것이다. 즉, 내가 당신에게 이야기하고 싶은 것은, '기회를 놓치는 것에 대한 두려움' 때문에 경솔하게 움직이는 어리석음이 아니라, '잘못된 기회를 택하는 것에 대한 두려움' 때문에 아무것도 택하지 않고 가만히 뭉개고 앉아 있는 어리석음이다. 내가 램지의 제안을 두 번이나 어영부영 거절한 것처럼 말이다.

나는 늘 이런 고민을 머릿속에 담고 살았다.

'내가 선택한 경력이 스윙댄스처럼 한때의 유행으로 끝나면 어쩌지?'

수요일 밤마다 친구들과 어울려 파티를 즐겼던 적이 있었다. 그때의 미국은 온통 스윙댄스에 미친 사람밖에 없었던 것 같다. 내게도 스윙댄스를 함께 추던 파트너가 있었다. 어느 날 밤, 스윙댄스를 추고 있을 때 그녀가 내게 직장을 그만뒀다고 말했다. 부모님의 반대를 무릅쓰고 스윙댄스를 직업으로 삼기 위해 뉴욕으로 가겠다고 했다. 나는 고개를 끄덕이며 미소 지었지만 속으로는 이런 생각을 했다. '이게 유행이라는 걸 모르는 거야? 이 나이트클럽은 이미 두 달 전보다 손님이 줄었잖아. 우리가 이 모험의 끝자락이라고. 스윙댄스는 영원

하지 않을 거야, 이 멍청아!'

새로운 경력에 뛰어들려는 열정은 좋았지만, 스윙댄스가 그 위에 삶을 구축할 정도로 탄탄한 토대가 아니라는 아주 명백한 신호를 그녀는 놓치고 있었다. 적어도 나는 그렇게 생각했다. 그녀는 왜 낮에는 일하고 밤에는 수업을 듣는 방식처럼 작은 시도부터 하지 않았을까? 왜 모든 걸 거는 도박을 했을까? 한 번도 물어본 적이 없고 그 뒤로는 연락이 끊겼지만 15년이 지난 지금도 나는, 특히 내가 두려움을 느낄 때마다 그 대화를 떠올리곤 한다. 그녀는 정말 무모하고 잘못된 판단을 한 걸까? 그러자 내 처지가 떠올랐다.

내 삶의 스윙댄스는 무엇일까? 그것은 물론 글쓰기다. 글쓰기에 삶의 거의 모든 걸 바친 내 선택은 그녀가 스윙댄스에 쏟아부은 시간과 노력보다 덜 무모했을까? 지금은 페이스북이니 트위터 같은 글쓰기 플랫폼이 일상적으로 사용되고 있지만, 결국 언젠가는 이런 열기가 식어버리지 않을까? 그렇게 되면 어떻게 하지? 그녀가 정규직 스윙댄스 강사가 되지 못한 것처럼 나도 전업 작가를 포기하게 되면 어쩌지?

나는 이 두려움이 어리석다는 걸 안다. 사람들은 수 세기 동안 이미 전업 작가였다. 작가라는 직업은 새로운 일이 아니다. 소셜미디어와 인터넷은 앞으로 물론 지금과는 다른 모습으로 달라지기는 하겠지만, 완전히 사라지지는 않을 것이다. 오히려 그 둘은 점점 더 커질 것이다. 그리고 그녀가 정규직 스윙댄스 강사가 될 수 있는 것처럼 나 역시 얼마든지 전업 작가로 성공할 수 있을 것이다. 두려움을 떨쳐내고 끝까지 그 꿈을 좇는다면 말이다.

15년 넘게 작가로 성공적인 삶을 살고 있는 지금도 여전히 두려움은 내 머릿속에서 요란한 사이렌을 울린다. 하지만 그 두려움에 대해 한 가지 깨달은 게 있다.

두려움은 '후회'와 다르다.

가끔 두려움과 후회가 같은 것처럼 헷갈릴 때가 있지만 둘은 다르다. 그것도 아주 많이. 후회는 두려움보다 유효기간이 훨씬 길다. 두려움은 순간이다. 두려움이 아주 강력한 맹수라면, 후회는 천천히 타오르는 불길이다. 두려움이 거대하고 요란하며 순간적으로 강하게 몰아치는 해일이라면, 후회는 오랜 시간 당신의 마음속 협곡을 깎아내리는 작은 개울이다.

새로운 경력에 도전하는 일은 거대한 선택과 변화를 받아들이겠다

는 뜻이다. 두려움을 감수하고 그 자리에서 벗어날 것인가, 아니면 그냥 자리에 남아 후회를 안고 살 것인가. 오늘의 두려움을 마주할 것인가, 영원히 후회하며 살 것인가.

내 스윙댄스 파트너가 어떻게 됐는지는 모른다. 그녀는 실패한 걸까? 내가 알기로 그녀는 1년 동안 정규직으로 스윙댄스를 가르쳤고, 그러고 나서 무언가 다른 것을 시도했다. 나는 그녀를 마치 무모한 도전 끝에 인생이라는 레이스에서 탈락한 낙오자처럼 묘사했다. 당신도 동의하는가? 정말 아이는 꿈꿀 수 있지만 어른은 안정을 추구해야 한다는 거짓말을 믿겠다고? 여기까지 제대로 읽은 독자라면 나와 그녀의 선택 중에서 무엇이 자신에게 더 득이 될지 현명하게 판단하리라 믿는다.

가느다란 후회의 물줄기가 당신의 삶을 반으로 갈라놓을 때까지 오래오래 흐르게 내버려두지 마라. 잘못된 결정을 내리는 걸 너무 두려워하지 마라. 왜냐고? 우리는 잘못된 결정을 내릴 것이기 때문이다. 때로는 잘못된 선택을 할 것이기 때문이다. 시간을 들이고, 조언을 구하고, 질문을 수도 없이 던지고도 언젠가는 잘못된 선택을 한다. 나도 그랬다.

==후회의 가장 안 좋은 점은 과거의 선택을 되돌아볼 때 자기 자신에게 거짓말을 한다는 것이다.== 지나고 나서야 알 수 있는 정보를 가지고 과거의 자신이 어리석어서 잘못된 결정을 내렸다고 자책한다. 하지만 과거의 그 사람은, 예전의 당신은, 지금 알고 있는 것을 알지 못했다. 그러니까 너무 자책하지 마라. 당신은 예언가가 아니다. 그 점

에 솔직해지자. 과거의 결정을 되돌아볼 때는 그때의 당신이 가진 최고의 정보를 바탕으로 그런 결정을 내렸다는 사실을 명심하라.

그러니까 부담감을 내려놓고 그냥 가볍게 선택하라. 그냥 그 자리에 뭉개고 앉아 아무런 선택도 하지 않고 시간이 흐르기만을 기다리지 마라. 당신의 의사를 분명하게 표현하고, 결정했으면 실행하라. 스윙댄스든, 글쓰기든 당신 앞에 놓인 무언가를 그냥 흘려보내지 마라. 나처럼 말이다.

⟳ 죽을 만큼 하기 싫은 일들의 목록

당신의 일에는 죽을 만큼 하기 싫지만 반드시 해야만 하는 과업이 잔뜩 포함되어 있을 것이다. 분야가 어디든, 어느 직종에 있든, 직책이 무엇이든 간에 하기 싫은 일들을 해야만 할 것이다. 어느 정도 경력을 쌓고 나면 좀 덜할 수는 있겠지만 자기가 좋아하는 일만 하고 사는 날은 결코 오지 않을 것이다.

그래서 우리에게는 '목록'이 필요하다. 감정과 기분에 휘둘리지 않고 이를 악물고 끝장을 봐야 하는 기술들의 짧은 목록 말이다. 하기 싫은 것을 하고 싶은 척 억지로 자신을 속이는 대신, 싫어한다는 사실을 인정하고 그 기술들의 가치를 깨달아 거기에 전념해야 한다.

이 목록에는 경력 새로 쓰기를 위해 반드시 배워야 하는 필수 기술이 포함된다. 앞에서 우리는 '처음'이라는 장벽을 깨고 배움의 동력을

만들어내기 위해선, 재미와 호기심을 적극적으로 활용해야 한다고 말했다. 자, 이제 그 동력이 어느 정도 만들어진 지금은 '필요에 의해 억지로라도 배워야 하는 기술'을 다뤄야 할 때다. 하고 싶지 않은 기술을 배우는 데 추진력을 발휘할 기회가 왔다.

나는 달리기를 좋아하지 않는다. 내가 가장 좋아하는 것은 달리기를 모두 마치고 터덜터덜 걸으며 집으로 돌아가는 골목길이다. 바지가 다리에 착 달라붙어 질척거리지만 이제 곧 땀에 젖은 몸을 씻을 수 있다는 충만한 기대감이 좋다. 그래서 나는 하기 싫은 일 목록 맨 윗줄에 당당히 달리기를 올렸다.

불친절한 납품 업체 담당자를 상대하는 일에 약간의 각오가 필요한가? 디자인 업무는 좋아하지만 인쇄 과정은 끔찍한가? 인쇄된 견본을 일일이 확인하는 작업이 악몽같이 느껴지는가? 인터넷 시대에 살면서 인쇄소까지 가서 물리적으로 인쇄물을 확인해야 한다는 현실이 당신을 미치게 만드는가? 하지만 이제 그 일이 당신의 업무라는 사실을 인정할 때다. 최고의 인쇄물을 만드는 최고의 방법은 현장에서 직접 샘플을 확인하는 것이라는 사실을 인정할 시간이다. 그건 분명 가치 있는 일이다. 예산 책정 업무가 최악의 과업인가? 다음 분기의 비용과 수익을 예측하려고 애쓰면서 그 모든 숫자를 대차 대조해야 하는 일이 곤욕인가? 하지만 당신이 그 일을 열심히 하지 않으면 내년으로 잡혀 있는 팀의 모든 프로젝트를 실행할 예산을 한 푼도 못 받는다는 사실을 인정하라.

두려움이 밀려온다. 하지만 그런 감정은 당신이 지금 하고 있는 일에 최선을 다하고 있다는 증거다. 욕심이 있다는 신호다. 우리 모두 겁낸다. 일을 한 번이라도 해본 사람은 이 감정을 안다. 하지만 이 감정이야말로 우리의 경력을 재창조하는 값진 대가다. 그러나 많은 사람이 그 대가를 지불하지 않으려고 한다. 후회 속에 파묻혀 하루하루를 낭비하며 산다. 당신은 제발 그 많은 사람에 속하지 마라.

지금 바로 시작해!

x 두려움은 한 마리 맹수지만, 후회는 평생을 따라다니는 날파리 떼다. 맹수는 용기라는 총 한 발로 사냥할 수 있지만 날파리 떼는 총으로도 쫓을 수 없다.
x 어차피 당신은 틀릴 테니 그냥 부담 갖지 말고 선택하라. 그게 최선이다.
x 당신이 만들어야 할 세 번째 목록은 '하기 싫은 일들의 목록'이다.

정말 그 일을
오늘 다 하겠다고?

22

나는 때를 놓쳤고, 그래서 지금은 시간이 나를 낭비하고 있지.

- 영국의 극작가 윌리엄 셰익스피어

"새벽 5시에 일어나 출근 준비를 하고 회사에 도착해 어제 남기고 간 업무를 처리하고 이메일을 확인하면 8시입니다. 12시까지 쉴 틈 없이 일하다 보면 점심 식사를 거르기 일쑤고, 남들이 커피를 한 잔 마실 때조차도 몰래 사무실에 들어가 오전에 마치지 못한 급한 일을 처리합니다. 밤 10시, 11시까지의 야근은 일상이고 자정 넘어 집에 들어가면 아이들은 잠들어 있고 겨우 배우자와 이야기할 시간이 생깁니다. 글쓰기나 독서는 고사하고 제대로 잠을 잘 시간도 없습니다. 퍼겁지겁 라면 하나를 끓여 먹고 알람을 맞춰놓고 기절하듯 잠에 듭니다. 이렇게 평일을 보내고 나면 주말에는 완전히 나가떨어져서 종일 잠만 잡니다. 어떻게 해야 저의 일과 삶이 구원받을까요? 당신이 하는 어떤 제안이라도 시도해보겠습니다."

이 상담자는 자신이 할 수 있는 모든 걸 하고 있다. 시간을 쪼개고, 식사를 포기하고, 잠을 미루고, 가정에 등을 돌리고. 그는 노력이 부족해서 고통받고 있는 것이 아니다. 완전히 고갈된 그는 지금 자신의 일과 삶이 어떻게 흐르고 있는지, 어디에 위치해 있는지 전혀 인식하지 못하고 있었다.

↻ 덜어내기의 기술

당신은 엄청나게 열심히 일을 해야 한다. 나도 안다. 하지만 그렇게 일을 하기 위해선 그만큼 쉬어야 한다. 수많은 기회에 '예스'라고 답해야 하지만 정기적으로 '노'라고 답해야 한다. 그렇게 함으로써 당신만의 시간을 지켜야 한다. 힘든 시기를 현명하게 견뎌야 하지만 필요하다면 그만둘 수 있는 유연함도 지녀야 한다.

위의 상담자는 '안 쓰는 시간'이라는 숨겨진 보물을 찾고 있다. 수백 년 동안 뛰어난 업적을 이룬 사람들이 그들끼리 몰래 사용해온 '제8요일'을 찾고 있다. 그런 게 있다면 좋겠지만 이 세상에 그런 건 없다. 하지만 '타이밍'이라는 것은 있다. 우리의 삶, 우리의 경력, 우리의 1년, 우리의 한 달, 우리의 일주일 안에는 추진력을 발휘해야 할 저마다 다른 '타이밍'이 존재한다.

때를 못 맞춰 일을 밀어붙이면 삶의 다른 부분들을 망치기 십상이다. 휴가 같은 일상적인 예를 들어보자.

회사에서 중요한 프로젝트가 한창 진행 중인데 휴가를 즐기려고 해본 적이 있는가? 이미 예약을 해놓은 상태라 일정을 조정할 수가 없다. 하는 수 없이 일을 미뤄두고 당신은 일주일간 휴식을 취하러 하와이로 향했다. 하지만 휴식은 어디에도 없다. 당신은 끊임없이 이메일을 확인한다. 해변에 가려고 기다리는 애인 몰래 국제전화로 회의를 한다. 몸은 멀리 떨어져 있지만 머리는 회사에 있다.

당신은 결국 휴가를 망치고 프로젝트도 망쳤다. 몸과 마음의 휴식을 취하고 집으로 돌아오는 게 아니라 실패한 기분으로 돌아온다. 당신은 삶과 일 어느 쪽에도 온전히 존재하지 못했다.

그 주는 당신이 하와이행 비행기에 오를 때가 아니었다. 일을 하면서도 휴가를 즐길 수 있을 거라는 당신의 기대가 모든 것을 망쳤다. 일을 할 때 맨 먼저 던져야 할 질문은 이거다.

"나는 지금 어떤 시기에 있는가?"

많은 사람이 일에 집중할 때와 집중하지 않아도 될 때를 구분하지 못해 괴로워한다. 주변 사람 눈에는 훤히 보이는데, 정작 당사자는 골방에 갇혀 모든 일을 싸안고 낑낑거린다. 그러다 결국 제풀에 못 이겨 주저앉아 연가시를 쏟아낸 사마귀처럼 미처 끝내지 못한 업무를 여기저기에 쏟아내며 구석으로 숨어버린다. 당신 이야기라고? 그럴 줄 알았다.

우리는 일이라는 것이 무언가를 더하는 '추가'의 연속이라고 생각하는 경향이 있다. 우리 삶에 새로운 인맥을 더하고, 새로운 기술을 더하고, 새로운 인성적 자질을 더한다고 생각하는 것이다. 그것이 유능함의 지름길이고 성공의 자산이라고 믿는다.

'우리는 무언가 더 많이 할 수 있을 것이다.' 이런 강력한 믿음이 우리의 일터를 지배하고 있다. 이미 할 일이 넘치지만 더 많은 책임을 지기 위해 끊임없이 삶을 버겁게 만든다. 서두에 소개한 상담자가 말미에 뭐라고 썼는지 기억하는가?

"당신이 하는 어떤 제안이라도 시도해보겠습니다."

남들보다 더 많이 행동하는 것이 과연 가장 좋은 성공의 지름길일까? 그것도 맞는 말이지만, 우리의 삶에서 무언가를 덜어내지 않으면, 그 어떤 것도 더할 수 없다. '일을 잘하는 것'은 단순히 무언가를 더 많이 하는 것이 아니다. 따라서 우리는 무언가를 더하기 전에 삶에서 필요없는 것을 덜어내야 한다.

자, 이제 앞에서 당신이 작성한 기술과 인맥 목록을 꺼내라. 그중에서 당신이 집중하고 싶은 기술과 인맥을 하나씩만 골라라. 그리고 우리 삶에서 그것을 추구할 공간을 찾아내야 한다. 그렇게 하는 방법은 하던 걸 잠깐 멈추거나 삶의 다른 무언가를 재조정하는 것뿐이다.

나는 가끔 봄에 열리는 내슈빌 마라톤 대회에 참가한다. 하지만 가을에는 빡빡한 강연 일정 때문에 출장이 너무 잦아서 대회에 참가하지 못한다. 이를 악물고 틈틈이 달릴 수는 있지만 강연에 전념하기 위해 달리기 훈련을 잠시 멈춘다.

나는 집중력이 최고조에 이르는 아침에 제일 먼저 글을 쓰는 걸 좋아한다. 하지만 매주 화요일 오전에 열리는 중요한 이웃 모임에 참석하고 싶을 때는 오전 7시 30분에 글쓰기를 멈춘다. 그 모임이 내게 대단히 중요해서 거기에 집중할 수 있도록 다른 일은 멈추는 것이다. 아이들이 오후에 낮잠을 안 자게 되자 하루 중에서 글을 쓰는 시간을 다시 정해야 했다. 나는 아이들이 깨어 있는 동안만큼이라도 그들 곁에 있고 싶었다. 애초에 내가 아침에 글을 쓰기 시작한 이유의 상당 부분이 그거였다.

캘리포니아주 의회로부터 꽤 큰 액수의 강연료를 제시받았다. 나는 즉시 아내에게 전화를 걸어 이 기쁜 소식을 전했다.

"이 돈이면 앞으로 서너 달은 금전적으로 문제가 없을 거야."

아내가 대답했다.

"당신은 이미 강연 제안을 너무 많이 승낙했어. 우린 지금도 경제적으로 문제없어. 괜찮다고."

"그래, 맞아. 근데 이제 더 괜찮아지는 거잖아. 안 그래?"

아내가 잠깐 침묵하고 나서 이렇게 말했다.

"그래, 그럼 당신이 할 수 있는 만큼 전부 해봐. 가족을 새로 살 만큼 충분히 벌도록 말이야. 지금 가족은 옆에 없을 거니까."

그녀는 화를 내면서 말한 게 아니었다. 언쟁도 아니었다. 단지 그때가 내게는 쉬어야 하는, 그리고 내 삶에 불필요한 일들을 덜어내야 하는 타이밍이었을 뿐이었다. 일에 대한 욕망 때문에 나는 제어가 불가능한 상태였다. 가족에게 '예스'라고 대답해야 할 때 되레 엉뚱한 곳에 '예스'라고 대답하고 있었다.

아내 말이 옳았다. 나는 슈퍼볼에서 우승한 것도 아니고 허드슨강에 비행기를 착륙시킨 것도 아니었다. 돈을 주고 가족을 새로 살 만큼의 강연료를 받은 것도 아니었다.

타이밍, 덜어내기, 선택과 집중. 이것이 바로 현명하게 일하는 방식이다.

지금 바로 시작해!

× 나의 일이 지금 어디쯤에 놓였는지 차분히 생각해보라.
× 무언가를 더하기 전에 무언가를 덜어내라. 당신의 인생을 윤택하게 해줄 아주 작은 비법이다.

계획은 계획대로
굴러가지 않는다

음악은 그것이 연주될 때만 피아노에 흐른다.

- 미국의 의사 잭 길버트

당신의 귀여운 아기에게 오늘 회사에서 아주 중요한 프레젠테이션이 있다고 이야기하면, 아기는 그 말을 당신이 중요한 순간을 위해 고르고 골라 차려입은 옷에 뭔가를 쏟을 절호의 찬스라고 해석할 것이다.

우리는 상황을 완벽히 통제해야 한다고 생각한다. 그렇게 통제된 상황 속에서 내 일과 관련한 수많은 크고 작은 계획이 굴러가길 바란다. 직장생활을 해본 사람이라면 이 바람이 부질없다는 것을 누구보다 잘 알지만 '그래도 이번 프로젝트만큼은…'이라고 속으로 되뇌며 실현 확률이 희박한 꿈을 꾼다. 그리고 그 꿈은 허리케인을 만나 산산조각 난다.

우리의 물건을 실은 배는 지금쯤 베트남 어느 항구도시에 정박해 있다. 그리고 이제 항구에서 출발한 배는 당신이 예측하지도 못했고, 절대 통제할 수도 없는 허리케인을 만나 예정보다 늦게 도착할 것이다. 우리가 일하는 일터에는 이런 암초와 기상이변이 수두룩하다.

예기치 못한 위기를 만나면 당신은 아마 좀 더 추진력을 올리는 것이 해결책이라고 생각할 것이다. 더 가열하게 덤벼들어야 한다고 생각한다. 놓칠락 말락 손아귀에서 빠져나가기 직전의 그 기회를 좀 더 세게 움켜쥐어야 한다고 생각한다. 그런데 만약 답이 그 정반대라면? 추진력을 발휘해 일을 앞으로 부드럽게 밀고나가는 비결이 오히려 손을 쫙 펴는 거라면? 일이 완벽하게 돌아가지 않을 때 아무리 열심히 신중하게 노력해도 그 상황을 타개할 수 없다면? 한정된 집중력을 일의 처음과 끝에 융통성 있게 분배해야 한다면?

일에 몰두하다 보면 이따금 완벽주의로 미끄러질 수 있다. 시야가 좁아져서 자기가 세운 계획에 갇혀버린다. 지구라는 행성에는 우리의 계획을 거부하는 녀석들이 어딘가에는 반드시 존재한다. 목표에 도달하기 위해 최선을 다해 노력하되, 당신이 통제할 수 있는 것이 생각보다 훨씬 적다는 사실을 인정하는 것이 중요하다. 이것이 일을 탄력 있게 추진하는 가장 중요한 지침이다. 우리는 좀 더 유연해져야 한다.

↻ 목표는 맨 나중에 세워라

원하는 게 정확히 뭔지 모를 때 우리는 근거 없는 불안에 빠진다. '내가 어디로 가야 하지?', '내가 원하는 게 뭐지?', '나는 무엇을 목표로 삼아야 하지?' 이런 질문은 우리를 계속해서 앞으로 나아가게 해준다. 목표를 세우면 왠지 마음이 편안하다. 아직 시작도 못 했지만 벌써부터 한 절반쯤은 이룬 것 같다.

지금까지 내가 한 말은 참이 아니다. 오히려 이 '역'이 참이다. 목표는 추진력의 부산물일 뿐 전제조건이 아니다.

즉, 우리가 뭔가를 더 할수록, 이것저것 일을 벌일수록, 기술을 더 많이 단련할수록, 여기저기에서 사람을 만날수록, 다양한 감정과 취향을 쌓을수록, 다시 말해 우리가 일단 자리에서 일어나 '일'이라는 것을 시작할수록 우리가 어떤 사람이 되고 싶은지가 더 분명해진다.

나는 완벽한 계획보다 희미한 비전을 믿는다. 일단 움직여라. 당신이 가고자 하는 방향은 실제로 거기에 노력을 들이는 동안 더 선명해질 것이다. 만약 주변에서 거창한 목표와 대단한 계획을 잔뜩 세워놓고선, '아! 이런 어마어마한 일은 우리 회사에선 절대 하지 못할 거야!' 하고 한탄하는 직원이 있다면 당장 뒤로 가서 엉덩이를 걷어차주자. 우리는 그런 사람을 일을 못하는 불쌍한 사람이라고 부른다.

당신이 숫자를 사랑한다고 가정해보자. 수학은 당신의 놀이터다. 경영학 학위가 있는 당신은 언젠가 기업의 최고재무책임자CFO가 되어 있는 미래를 꿈꾼다. 그 꿈은 당신이 노력을 쏟아부을 수 있는 거대한 들통이다. 하지만 이제 막 회사에 입사한 당신은 아직 그 비전에서 너무 멀리 떨어져 있다. 그래서 그 꿈에 어떤 것들이 포함되어 있는지는 알 수 없다. 그저 그 희미한 빛을 따라가며 매 순간에 최선을 다할 뿐이다.

그리고 수년이 흘러 경력의 사다리 중간쯤에 도달해 CFO의 현실을 지근거리에서 관찰할 수 있게 되었다. 당신이 다니는 회사 CFO는 주당 70시간을 일해야 한다. 죽도록 하기 싫지만 투자자를 모으는 데 많은 시간을 보내야 한다. CFO는 끊임없이 출장을 다녀야 할지도 모른다. 조금 실망스럽나? 하지만 우리가 그 희미한 비전을 향해 나아가지 않았다면 CFO가 된다는 게 어떤 의미인지 결코 알지 못했을 것이다. 목표 달성을 위한 특급 계획을 세우거나 인터넷으로 'CFO 되는 방법', 'CFO 연봉' 따위를 검색하지 않고 그저 묵묵히 우리 앞의 일을 해내며 사다리를 조금씩 올라갔기 때문에 CFO가 엄청나게 박봉인 데다 밥 먹듯 야근만 하는 직업이라는 것을 알 수 있었던 것이다.

우리는 큰 꿈을 꾸지만 언제나 삶을 드러내는 것은 작은 발걸음이다. 맡은 자리에서 최선을 다하면, 우리가 꿈꾸던 자리가 예전부터 생각해온 '그런 곳'이 아니라는 사실을 깨달았을 때 남들보다 유연하게 대처할 수 있다. 그동안 쌓아놓은 탄탄한 평판과 실적을 활용해 다른 방향으로 난 곁길에 들어선다. 심지어 당신은 돌연 CFO라는 꿈을 걷어차고 미술가나 여행가, 출판사 편집자나 광고기획자를 꿈꿀 수도 있다. 아무렴 어떤가? 당신만큼 숫자를 잘 다루는 광고기획자는 이 세상 어디에도 없을 것이다. 초심을 잃진 않았지만 당신이 가진 유연성 덕분에 CFO라는 목적지의 실체를 확인하고 목적지를 바꾼 것이다.

불과 10년 전까지만 해도 내가 전업 작가로 일하며 생계를 유지하게 되리라고는 생각해본 적도 없었다. 내 꿈 목록에 '작가'라는 단어는 단 한 번도 적혀 있지 않았다. 나는 뼛속까지 회사원이었다. 적어도 나는 그렇다고 생각했다.

그러다 2004년에 한 친구를 만나 나를 직원으로 써달라고 부탁했다. 내가 그녀의 회사에서 일하고 싶다고 말하자 그녀는 한 치의 망설임도 없이 이렇게 말했다. "우린 당신 같은 남자는 절대로 고용을 안 해요. 당신은 아이디어가 넘치는 사람이잖아요. 당신은 한 회사에 매여 있을 필요가 없어요. 여러 곳에서 일을 해야 해요."

나는 그 조언을 그 자리에서 무시했다. 당시 나는 그 누구보다 성실하게 일해 5년 이내에 개인 집무실을 쓰는 젊고 유능한 회사 중역이 되겠다는 야무진 꿈이 있었다. 한마디로 나는 융통성이 없었다. 내가 작가가 될지도 모른다는 사실을 인정하고 싶지 않았다. 그 덕분에 나는 무려 9년이나 회사에 다니며 이후 책에 써넣을 수 있는 수많은 못된 상사와의 일화와 자살 직전까지 간 우울증과 스트레스성 질환 등을 매우 풍성하게 얻을 수 있었다.

그러다 홈디포로 이직해 광고 카피 쓰는 일을 하면서 틈틈이 프리랜서 일도 겸하기 시작했다. 그때 나는 내가 회사 바깥의 일도 꽤 잘

해낼 수 있을 것이라는 사실을 알게 됐다. 그리고 몇 년 만에 내가 외주로 맡아 하는 일의 고객층이 두터워지기 시작했다. 마침 내가 회사 체질이 아닐지도 모른다는 현실이 보이기 시작했다. 2010년, 데이브 램지가 나에게 정규직 자리를 제안했을 때, 그들은 프리랜서 일은 그만두고 회사 일에만 집중해달라고 요청했다. 나는 내 사업을 접고 아내에게 10년 동안 데이브를 위해 일할 거라고 말했다. 마침내 내가 오래 일할 수 있는 회사를 찾았다고 말했다. 그녀가 웃었다.

한 기업가 밑에서 3년을 보내고 나서야 아내가 그때 왜 웃었는지 알게 되었다. 좀 멀리 돌아왔지만 나도 램지처럼 나만의 사업을 추진하고 싶은 사람이라는 것을 깨달았다. 아이디어를 내고 글을 쓰고 책을 내고 강연을 하고 싶다는 걸 깨달은 것이다.

그전까지 나는 머릿속 꿈이라는 거대한 성곽을 짓고 그 안에 틀어박혀 유연해지기를 거부했다. 하지만 일을 해나갈수록 내게 모험가 체질이 있다는 사실이 점점 명백해졌다. 내 에너지와 체력을 쏟아부을 들통이 무엇인지 점점 선명하게 드러났다. 마침내 나는 내 직업이 작가라는 사실을 인정했다. 그렇다면 내가 지금 하고 있는 일이 앞으로도 영원할까? 아무도 모른다.

당신도 당신의 꿈에 유연해져야 한다. 당신의 꿈이 예측할 수 없는 방식으로 무궁무진하게 변할 것이라는 사실을 인정해야 한다.

↻ 특명, 내 꿈 찾기 대모험!

나보다 열다섯 살 어린 여동생에게 이런 말을 했다. "꼬마야, 잘 들어 봐. 내가 네 나이였을 때는 지금 네가 손에 쥐고 있는 그 스마트폰은 물론이고 하루에도 수십 번 접속하는 페이스북이며 트위터니 하는 것들이 존재하지 않았단다. 정말 놀랍지 않니?" 우웩. 그녀는 나를 경 멸하는 표정을 짓곤 멀리 달아나버렸다.

내가 그녀의 나이였을 때는 지금 내가 하고 있는 일들이 물리적 으로 존재하지 않았다. 하지만 지금 나는 소셜미디어로 사람들과 교 류하고, 트위터로 내 정치적 의견을 표명하고, 페이스북에 내가 먹은 음식과 내가 입은 옷 사진을 찍어서 올리고, 핀터레스트에 내가 모은 다양한 이미지를 고정한다. 내 집중력의 상당 부분은 온라인에서 커 뮤니티 활동을 하는 데 쓰인다. 15년 전 내가 스물세 살이었을 때는 이런 것들이 불가능했다. 내 노력이 부족해서가 아니라 그냥 그때는 트위터가 없었다. 페이스북도 없었다. 블로그는 겨우 걸음마 단계였 고 업데이트도 잘 안 됐다. 그런 시절에 주방 식탁에 앉아 혼자 이렇 게 생각하는 나를 상상해보라. '어서 내 꿈을 알아내야 해.'

당시에 내가 트위터가 나올 줄 상상이나 했을까? 페이스북 비슷한 공상이라도 해봤을까? 구글이 도서관을 세우리라 예측했을까? 말도 안 되는 소리다. 대학에서 전공을 선택하는 것도 상황은 똑같다. 대학 때의 내 상태를 한 문장으로 표현하면 딱 이랬다. '그냥 아무것도 안 하는 중.' 내가 처음으로 '이메일'이라는 것을 갖게 된 것도 대학교 3

학년 때였다. 그때만 해도 나는 이메일이 곧 망할 것이라고 확신했다. 컴퓨터실에 앉아서 검은색과 초록색으로 된 이메일 화면을 응시하며 '이건 너무 바보 같잖아. 누가 이런 걸 쓰겠어?'라고 속으로 생각했다.

나는 대학생들이 자신에게 최선인 전공을 선택하기를 바란다. 하지만 그 선택에 너무 매몰되지 않으면 좋겠다. 지금 당장 내가 하고 싶은 것은 눈에 보이지만, 미래에도 하고 싶은 것이 무엇인지는 결코 알 수 없다. 거듭 말하지만, 당신의 꿈이 미래에도 유효하리라는 것을 맹신하지 마라. 당신의 진짜 꿈은 아직 현실에 존재하지 않을지도 모른다. 마치 꿈속에나 존재하는 마법의 성처럼 말이다.

나는 대학교 3학년 때 작가가 되고 싶다는 희미한 비전을 가졌다. 그게 무슨 뜻일까? 시를 쓰고 싶었다는 이야기다. 한 가지 사물에 대해 다양한 표현으로 묘사하고 서술하고 설명하는 작업이 퍽 재밌었

다. 내가 쓴 글을 읽은 사람들이 보이는 반응을 관찰하는 것이 흥미로웠다. 그래, 솔직히 말하면 그때 살짝 두근거리기도 했다. 나는 글이 좋았다.

이런 취향은 교내 신문에 내 글을 기고하는 행동으로 이어졌고, 대학을 졸업한 뒤에는 레이저 제모기 회사에 시엠송과 광고 카피를 납품하는 일로 발전했다. 그리고 지금 나는 작가가 되어 책을 쓰고 있다.

이런 경험은 작가들만 하는 게 아니다. 종합격투기 선수 트레이너들도 비슷하다. 존 해클먼John Hackleman은 세계에서 가장 유능한 트레이너다. 그는 2005년과 2006년 UFC 라이트헤비급 챔피언 벨트를 거머쥔 척 리델Chuck Liddell을 훈련시켰다. 그런데 어느 날 그가 내 도움을 구하기 위해 연락을 했다.

해클먼의 삶은 꿈의 전환기에 놓여 있었다. 그는 자신의 브랜드 이미지를 쇄신하는 데 내 도움을 필요로 했다. 그가 운영하는 체육관은 그가 도와주고 싶어하는 새로운 어린이 고객층의 관심을 끌기에는 지나치게 명성이 자자했다. 그곳은 세계 최고의 파이터들이 운집한 살벌하고 무시무시한 공간이었다. 그는 기라성 같은 선수들과 훈련하는 것도 좋지만, 이제는 어린이들에게 가라테 같은 호신술을 가르치는 데 남은 생을 바치고 싶다고 말했다. 하던 일이 잘되지 않아서 그 일을 관두고 다른 꿈을 좇는 게 아니었다. 그는 자기 분야에서 이미 최고의 자리에 오른 사람이었다. 하지만 어쩌다 보니 불우한 아이들에게 가라테를 가르치는 일을 좋아하게 되었을 뿐이다. 왜일까? 꿈은 늘 바뀌기 때문이다.

사실 내가 회사에 다녔던 건 그게 천직이라고 느껴서가 아니라 내 자식들을 좀 더 안정적으로 부양하고 싶었기 때문이다. 그리고 가장 결정적인 이유는 지리적 요건이었다. 그 회사는 집에서 차로 10분이면 갈 수 있는 곳에 있었다. 그렇게 기본적인 조건이 안정을 찾자, 내가 가진 기술에 더 적합한 일자리를 찾을 여유가 좀 생겼다. 그러니 일단 너무 재지 말고 지금 할 수 있는 일을 시작하기 바란다.

나는 당신이 당신의 경력에서 내 글쓰기 비전처럼 좀 더 광범위하고 느슨한 비전을 찾기 바란다. 터무니없이 구체적인 꿈을 찾는 일에 갇히지 마라. 꿈은 바뀐다. 그러니 너무 세밀하게 당신의 미래를 설계하는 데 시간을 낭비하지 마라.

지금 바로 시작해!

× 완벽한 계획을 세우려 하지 말고, 희미한 비전을 좇아라.
× 목표는 가끔 우리를 옴짝달싹하지 못하게 만든다. 목표는 일의 전제조건이 아니라 그 부산물이다.

재미를 미루는 건
가장 안 좋은 방법이다

24

이 시대의 악은 지루한 것이고 선은 즐거운 것이다.

- 아일랜드의 극작가 오스카 와일드

로빈 오브라이언트Robin O'Bryant는 대형 출판사와 책을 쓰고 싶어 했다. 헤밍웨이의 책을 낸 출판사 계약서에 사인하는 것은 모든 작가의 꿈이다. 작가들 사이에는 출판사를 거쳐 책을 내지 않고 자가출판 시장에 뛰어드는 것을 마치 2등 시민이 되는 것처럼 불쾌하게 느끼는 분위기가 있다. 로빈 역시 마찬가지였다.

그녀는 출판 에이전시와 일하며 2년을 보냈지만 성공이 보장된 계약은 없었다. 편집자들은 그녀가 가진 플랫폼이 책을 출판할 만큼 충분히 크지 않다고 누구이 말했다. 그녀의 첫 반응은 시무룩한 표정으로 자기가 꾸던 꿈의 죽음을 애도하는 것이었다. 여전히 그녀에게는 책을 세상에 내놓는 것이 중요한 게 아니었다. 멋진 명함을 가진 사람을 통해 책을 출판하는 것이 중요했다.

그녀는 더 이상 책을 쓰지 않고 천천히 익명으로 돌아갈 수도 있었다. 하지만 그녀의 블로그 독자들이 입을 다물지 않았다. 그녀를 들들 볶았다. "책은 언제 나와요?", "지금 작업이 어떻게 되어가고 있죠?"

그녀의 독자들이 부메랑 인맥이 되어 돌아오고 있었다. 로빈은 최대한 버텼지만 결국 스스로에게 이 질문을 던진 뒤에 굴복했다.

"내가 이 책을 왜 썼지?"

대답은 간단했다.

"안 쓸 수 없었다. 나는 내 글이 다른 사람에게 도움이 되길 바랐다. 세상의 모든 엄마가 아이들과 티격태격하며 길고 힘든 하루를 보낸 뒤에 침대에 누워 박장대소하며 읽기를 바랐다. 그들이 내 글을 읽기를 바랐다."

한참 자신과 싸우고 유연해지기로 결심한 뒤에, 2011년 11월에 로빈은 『케첩은 채소다: 그리고 엄마들이 그들 자신에게 하는 다른 거짓말들Ketchup Is a Vegetable: and Other Lies Moms Tell Themselves』을 스스로 출판했다. 그리고 다음 2년 동안 책을 자동차 뒤에 싣고 다니며 팔았다. 책을 가득 실은 트럭을 몰고 독자가 있는 곳이면 어디든 갔다.

2013년 9월, 로빈의 책이 《뉴욕타임스》, 《월스트리트저널》, 《USA 투데이》의 베스트셀러 목록에 올랐다. 정확히 1개월이 지난 뒤에 그

녀는 세인트마틴출판사와 책 두 권을 계약했다.

　모든 이야기가 그녀의 이야기 같을까? 물론 아니다. 하지만 성공의 기준을 처음부터 무리하게 설정하고 시도조차 안 했다면 아무 일도 일어나지 않았을 것이다. 로빈은 이렇게 결심했다.

　"코앞에서 문이 쾅 닫혔는데 자존심 때문에 치마를 휙 걷어 올리고 창문 밖으로 나가지 못하는 상황을 만들진 않겠어."

　문이 쾅 닫혔을 때 창문으로 기어나가는 것만큼이나 중요한 성공의 기술을 하나 더 알려주겠다. 그것은 '재미'라는 아주 일상적인 단어에서 출발한다.

　새로운 일을 시작할 때는 누구나 재미있게 출발하지만, 본격적으로 노력해야 할 시점이 되면 재미를 잃어버리는 경향이 있다. 하지만 그러면 안 된다. 당신이 회사에서 하는 일이 또 다른 따분한 일이 되어서는 안 된다.

↻ 따분한 일은 이쯤에서 그만두자

요즘은 재미있게 사는 사람이 없다. 재미는 아이들을 위한 것이라고만 여기거나 재미있는 일은 나중에 하면 된다고 생각한다. 어렸을 때는 아무렇지 않게 놀고, 쉬고, 바보 같은 짓을 했는데 말이다. 하지만 어느 시점이 되면 어른이 될 준비를 해야 한다. '일이란 원래 재미없고 딱딱한 거야.' 세상의 거짓말이 주문처럼 귓속을 파고든다. 그 주문 뒤에는 이런 후렴구도 붙는다. '즐거움이란 노후에나 즐기는 것. 돈과 자유와 재미는 은퇴 이후에 우리가 얻게 될 보상.'

어른이 된 우리는 이제 언젠가 모든 것을 보상받을 것이라는 막연한 희망에 모든 걸 걸고 단조롭고 삭막한 하루를 감수한다. 50주의 일과 2주의 휴가를 교환한다. 이 교환은 정말 남는 장사일까?

마크는 내 절친한 이웃이다. 얼마 전에 그는 직장에서 사고를 당했다. 마크는 대형 트랙터 회사에서 30년간 일한 베테랑 영업자였는데 어느 날 고객들 앞에서 시연을 하다가 그만 트랙터에서 추락하고 말았다. 그는 척추를 크게 다쳤다. 재활이 불가능한 손상이었다. 1초도 안 되는 짧은 순간에 그의 삶 전체가 달라졌다.

그가 우리 집 뒤뜰에서 골프채를 흔들며 말했다. "10년 동안 골프를 못 쳤어요. 이게 문제예요. 당신은 이런 것들을 전부 은퇴하면 할 수 있을 거라고 생각하죠? 그땐 늙어요. 더 힘들어지죠."

당신이 괴물 같은 트랙터에 치여 사고를 당하는 날이 올까? 아니길 바란다. 회사가 망해서 꿈꿔왔던 노후가 지옥처럼 변하게 될까? 아마 아닐 것이다. 당신이 정신을 팔고 있는 어느 삶의 시점에 느닷없이 경력의 위기가 찾아올까? 아마 그건 맞을 것이다.

내 여덟 살짜리 딸이 동생과 물풍선 싸움을 해도 되는지 물었다. 아이들은 이유도 대지 않았다. 얼굴에는 재미있을 거라는 표정만 역력했다. 아내와 나는 대답했다. "오늘은 안 돼."

30분 뒤에 딸이 내게 다가와 이번 한 번만 하면 안 되냐고 물었다. 이번에는 아주 어른스러운 이유까지 준비해왔다. "풍선에 물만 좀 채우면 안 돼요? 던지지는 않을 게요. 그걸 들고 운동을 하면 건강에도 도움이 될 것 같아서요!"

재미만으로는 우리를 설득할 수 없다는 걸 깨닫고는 얼른 그럴싸한 이유를 열심히 생각해낸 것이다. 나는 조금 우울해졌다. 재미있으면 그만이지 왜 또 다른 이유를 찾아야 하지? 나는 딸에게 입을 맞추고 얼른 물풍선을 있는 힘껏 던져 동생의 작은 머리통에 맞추라고 말했다.

우리의 일도 재미있어야 할 이유는 충분하다. 우리는 그럴 만한 자격이 있다. 지금보다 어떻게 더 재미없어야 하지? 재미를 미루는 건 안 좋은 계획이다. 재미를 두려워하지 마라. 따분한 일은 충분히 했다. 우리는 지금 즉시 더 재밌게 지내야 한다. 나중은 없을지도 모른다.

↻ 모든 게 다 재밌어야 한다는 건 거짓말이다

내가 '재미'에 대해 이야기를 하면 이런 오해를 하는 사람들이 있다.

"어떻게 모든 일이 항상 재미있을 수 있죠?"

당연히 그건 불가능하다. 그리고 나는 그렇게 말하지 않았다. 인간에게는 자신이 듣고 싶은 말만 골라서 듣는 습성이 있다.

'이따금 재밌는 것'과 '항상 재밌는 것'이 다르다는 걸 이해하는 것이 중요하다. 게임은 항상 재밌다. 애인과 맛있는 걸 먹고 산책하는 것도 재밌다. 물론 늘 유쾌하진 않겠지만, 아무튼 기본적으로 게임과 같은 범주에 넣을 수 있다. 그렇다면 우리가 하는 일은? 그건 범주가 아주 약간 다르다.

나는 무대 위에서 강연하는 걸 좋아한다. 그게 너무 재밌다. 하지만 여행은 하나도 즐겁지 않다. 비행기의 연착으로 새벽 1시 30분에 집에 도착하는 것은 특히 재미없다. 점심 식사를 제공하는 비행기가 없어서 오전 10시 45분에 공항에서 먹는 부리토로 끊임없이 자신을 속이는 것은 재미와는 거리가 멀다. 수하물 분실, 비좁은 의자, 짙은 갈색 물을 뱉어내는 슬프도록 작은 커피머신을 쓰는 슬프도록 작은 호텔들, 내 아이들과 함께 해야 할 몇몇 행사를 놓치는 일.

행사장으로 순간이동 하고 싶었던 적이 한두 번이 아니었지만, 그럴 수 없다는 건 내가 제일 잘 안다. 내게는 그런 능력이 없다. 내가 가장 재밌게 할 수 있는 일을 하기 위해 재미없는 일을 기꺼이 하는 것. 그것이 일의 기본 원리다.

당신은 앞으로 무척이나 재미없는 수많은 일을 하게 될 것이다. 그것도 아주 많이. 그러니 우리의 일에서 약간의 재미를 찾되 모든 과정이 재밌어야 한다는 생각은 버려라. 재미는 우리의 일이 더 강력하게 추진되도록 뒤에서 밀어주는 요소지, 당신이 어떤 일을 할지 골라주는 필터가 아니다.

지금 바로 시작해!

- ✕ 문이 닫혔으면 창문으로 빠져나가자.
- ✕ 맞은편에 앉아 모니터만 쳐다보는 동료에게 물어보자. "대체 언제까지 그렇게 재미없게 일할 건가요?"
- ✕ 미치도록 재밌는 작은 일 하나가 미치도록 하기 싫은 끔찍한 일 서너 개를 압도한다. 당신의 강력한 해독제는 무엇인가?

에필로그

난 당신이 생각보다 훨씬 많은 거을 할 수 있다고 믿는다.
난 일이 우리 모두가 생각하는 것보다
훨씬 의미 있는 것이 될 수 있다고 믿는다.
당신이 그러려고 선택하기만 하면 말이다.

25

당신은 더 높은 몸값을
받을 자격이 있다

오, 넘칠 듯 가득 찬 잔을 앞에 두고 마시지 않는 그대여. 말해봐요, 당신
은 누구를 기다리고 있나요?

- 독일의 소설가 헤르만 헤세

경력 관리를 논할 때 내가 늘 언급하는 오랜 친구가 있다. 이제 그 친
구를 소개할까 한다.

미스티는 마흔둘의 나이에 자기가 가장 좋아하는 일을 하는 데 좀
더 집중하기로 결심했다. 그녀에게는 어렴풋한 비전이 있었고, 지금
까지 쌓아온 모든 경력을 쏟아붓기에 그 정도 확신이면 충분하다고
생각했다. 텍사스주에 사는 그녀는 버클리음악대학교 1년 과정 프로

그램에 지원했다. 문제는 이 프로그램이 스페인 바르셀로나에서 진행된다는 점이었다. 그녀는 안정적인 직장을 그만뒀다. 그리고 입학 허가서를 받았다.

스페인으로 이사한 미스티는 발렌시아에서 찍은 멋진 사진들을 인스타그램에 올렸다. 그녀의 인스타그램 피드는 광란의 악보와 콘서트와 강의실과 졸업시험과 관련한 모든 것으로 가득찼다. 자신의 경력을 재창조할 기회를 얻은 그녀는 엄청난 추진력을 발휘해 정말 열심히 매진했다.

미스티는 그해 말에 졸업했고, 오하이오주에 있는 켄트주립대학교의 음대 조교수 자리를 제안받았다. 마지막 가을에 그녀는 음원 제작 수업에서 학생들을 가르치기 시작했다. 움직이지 않았다면 미스티는 텍사스에 갇혀 음악에 대해 꿈만 꾸며 회사에 다니고 있었을 것이다.

이 책을 쓰는 동안 그녀는 내게 스페인어로 편지를 보냈다.

"대학원에 가려고 13년 동안 다닌 직장을 떠났어요. 외국으로 이사하며 내가 가진 모든 것과 내가 아는 모든 사람을 포기했죠."

그렇다. 그녀는 모든 것을 두고 떠났다. 하지만 딱 하나 가지고 간 것이 있었다. 인성의 과수원. 그녀는 스페인에 아는 사람이 하나도 없었다. 그녀에겐 아직 스튜디오 뮤지컬 엔지니어가 되기 위해 갖춰야 할 기술이 하나도 없었다. 하지만 사람들을 따르게 하는 매력이 있었고, 자신의 부족을 인정하고 배우려는 의지가 있었다. 우리가 일의 터전을 옮길 때 유일하게 챙길 수 있는 무기는 오직 우리의 인간적인 자질뿐이다.

"아무런 사전 지식 없이 바르셀로나에 가서 무작정 음악 악보를 설계하는 법을 배웠고, 스튜디오 엔지니어가 되는 법을 배웠어요."

갑작스레 직무가 변경되거나 내가 해야 할 업무가 추가되면 처음엔 고통스럽겠지만, 새로운 기술을 배울 수 있는 절호의 기회가 될 수 있다. 미스티가 스페인에 도착해서 가장 먼저 착수한 작업은 자신의 음악적 능력이 '0'에 가깝다는 사실을 재빨리 깨닫고 지금 당장 배워야 할 기술이 무엇인지 목록에 적은 것이다. 그리고 하나씩 하나씩 맹렬하게 배워나갔다.

"바르셀로나에서 열리는 엄청나게 큰 전자음악 페스티벌에 초대를 받았어요. 나는 아직 준비가 안 됐다고 생각했지만, 다시 생각해보니 설사 무대를 망치더라도 일단 올라가는 게 후회하지 않을 일이라고 확신했죠. 밤낮 안 가리고 연습했어요. 결국 무사히 공연을 마쳤고 줄지어 다음 공연 스케줄이 잡혔죠."

최소한의 기술과 인맥 덕분에 미스티는 뜻밖의 기회를 얻을 수 있었다. 그리고 그녀에게는 자신이 페스티벌에서 연주할 정도의 소질을 갖추고 있다는 확신이 있었다. 지금이 양팔을 걷어붙이고 앞으로

치고 나가야 할 상황이라고 받아들일 정도의 인식이 있었다. 바쁜 삶 속에서 다른 무언가를 덜어내고 연습이라는 새로운 과업을 추가할 유연함이 있었다.

"스페인까지 와서 날 감동시킨 친구들과 가족은 제게 그 자체만으로도 축복이에요. 그들의 지지와 도움이 없었다면 제 인생에는 아무 일도 일어나지 않았을 거예요."

일을 재탄생시키기로 결심한 우리 모두에게는 이런 인맥이 필요하다.

이런 이야기를 들으면 우리는 일단 의심부터 한다. 왜냐하면 그게 편하기 때문이다. 뭔가 대단한 비밀이 있을 거야. 우리에겐 없는 엄청난 무언가가 있을 거야. 우리 같은 보통 사람은 넘볼 수 없는 마법 같은 능력과 재능이 있다고 믿고 싶을 것이다. 그래야 당신의 초라한 현재를 설명할 수 있을 테니까.

안타깝게도 그녀에게는 그런 것들이 없었다. 그녀가 가진 것은 아무것도 없었다. 그것을 깨달았을 때 그녀는 과감히 몇 가지 질문을 던졌다.

"왜 나는 안 돼? 왜 지금은 안 돼? 왜 여기서는 안 돼?"

오래전 한 직장에서 해고당했을 때였다. 상사 중 한 명이 내게 다가와 귓속말을 했다.

"만약 네가 작가가 되면 내 손에 장을 지지지. 퇴사를 진심으로 축하하네, 존."

그는 본질적으로 나에게 작가가 될 만한 의지나 재능이 없다고 말한 것이다. 그는 내가 결코 이 일을 할 수 없을 것이라고 생각했다. 지금 생각해보면 그야말로 촌철살인의 독설가적 기질을 살려 베스트셀러를 만들어낼 수 있는 작가의 자질을 지닌 사람이었는지도 모른다.

그리고 4년 뒤에 아내와 나는 내 출판 에이전시로부터 출판사들이 내 책에 입찰했다는 소식을 전해 들었다. 문자가 한 개에서 두 개로, 두 개에서 여덟 개로 바뀌었다. 최종적으로 23건의 제안이 모였다.

감정적으로 진이 빠지는 시간이었지만 그와 동시에 아주 흥미진진한 순간이기도 했다. 바로 그때, 아몬드 초콜릿을 유난히 좋아하던 그

상사의 질문이 떠올랐다.

"자네가 정말 이 일을 할 수 있다고 생각해?"

아마 당신도 같은 질문을 받아봤을 것이다. 아니, 당신 스스로에게도 던져봤을 것이다. 오, 이런. 두려움은 이 질문을 사랑한다. 제발 당신의 대답을 두려움이 엿듣지 않았길 기원한다.

지금 당장 온갖 부정적인 경험과 생각에 기름을 부어 활활 태워버려라. 그리고 그 화력을 당신의 몸값을 높이는 원동력으로 삼아라. 적들의 비난 따위는 우리에게 훌륭한 연료가 될 뿐이다.

난 우리가 생각보다 훨씬 많은 것을 할 수 있다고 믿는다. 일이 우리 모두가 생각하는 것보다 훨씬 의미 있는 것이 될 수 있다고 믿는다. 당신이 그러려고 선택하기만 하면 말이다.

다시 묻겠다.

"당신의 일을 구원할 준비를 마쳤는가? 당신은 정말 그 일을 할 수 있는가? 궁극적으로 당신의 몸값을 높이는 데 필요한 일들을 성공적으로 완수할 수 있는가?"

내 대답은 이것이다.

"당연히 할 수 있다. 당신은 지금보다 더 높은 몸값을 받을 자격이 있다."

**DO
OVER**

옮긴이 김정희

외국계 기업에 다니다 번역에 뜻을 두어 과감히 직업을 바꾸었다. 지금은 인문, 사회, 심리, 자기계발 등 사람과 밀접한 분야의 책을 우리말로 옮기는 작업에 열을 올리는 중이다. 옮긴 책으로는 『재능은 어떻게 단련되는가?』, 『최고가 되라』, 『우리는 왜 착한 선택을 해야 하는가』, 『발칙한 진화론』, 『유대인의 형제 교육법』 등이 있다.

몸값 높이기의 기술
죽도록 일만 하는 사람들은 모르는 25가지 커리어 관리의 비밀

초판 1쇄 인쇄 2019년 7월 22일
초판 2쇄 발행 2019년 8월 16일

지은이 존 에이커프
옮긴이 김정희
펴낸이 김선식

경영총괄 김은영
책임편집 성기병 **크로스교정** 조세현, 한다혜 **책임마케터** 권장규, 박지수
콘텐츠개발1팀장 임보윤 **콘텐츠개발1팀** 윤유정, 한다혜, 성기병, 문주연
마케팅본부 이주화, 정명찬, 권장규, 최혜령, 이고은, 허윤선, 김은지, 박태준, 박지수, 배시영, 기명리
저작권팀 한승빈, 이시은
경영관리본부 허대우, 박상민, 윤이경, 김민아, 권송이, 김재경, 최완규, 손영은, 이우철, 이정현
외부스태프 표지·본문디자인 김종민

펴낸곳 다산북스 **출판등록** 2005년 12월 23일 제313-2005-00277호
주소 경기도 파주시 회동길 357 3층
전화 02-702-1724 **팩스** 02-703-2219 **이메일** dasanbooks@dasanbooks.com
홈페이지 www.dasanbooks.com **블로그** blog.naver.com/dasan_books
종이 (주)한솔피앤에스 **출력** 민언프린텍 **후가공** 평창 P&G **제본** 정문바인텍

ISBN 979-11-306-2321-4 (03190)

다산북스(DASANBOOKS)는 독자 여러분의 책에 관한 아이디어와 원고 투고를 기쁜 마음으로 기다리고 있습니다.
책 출간을 원하는 아이디어가 있으신 분은 다산북스 홈페이지 '투고원고'란으로
간단한 개요와 취지, 연락처 등을 보내주세요. 머뭇거리지 말고 문을 두드리세요.